● 教育部人文社会科学研究青年基金项目
● 兰州大学中央高校基本科研业务费专项资金资助
● 兰州大学人文社会科学类高水平著作出版经费资助

幼儿教师体育胜任力
模型构建与实证研究

李阳 ◎ 著

兰州大学出版社
LANZHOU UNIVERSITY PRESS

图书在版编目（CIP）数据

幼儿教师体育胜任力模型构建与实证研究 / 李阳著.
兰州 : 兰州大学出版社，2024. 12. -- ISBN 978-7-311-
06790-8

Ⅰ. G613.7

中国国家版本馆 CIP 数据核字第 20249S1Y71 号

责任编辑　李有才
封面设计　倪德龙

书　　名　**幼儿教师体育胜任力模型构建与实证研究**
　　　　　YOUER JIAOSHI TIYU SHENGRENLI MOXI GOJIAN YU SHIZHENG YANJIU
作　　者　李阳　著
出版发行　兰州大学出版社　（地址:兰州市天水南路222号　730000）
电　　话　0931-8912613(总编办公室)　0931-8617156(营销中心)
网　　址　http://press.lzu.edu.cn
电子信箱　press@lzu.edu.cn
印　　刷　甘肃发展印刷公司
开　　本　710 mm×1020 mm　1/16
成品尺寸　170 mm×240 mm
印　　张　12.25
字　　数　227千
版　　次　2024年12月第1版
印　　次　2024年12月第1次印刷
书　　号　ISBN 978-7-311-06790-8
定　　价　60.00元

（图书若有破损、缺页、掉页,可随时与本社联系）

前　言

　　学前教育阶段是全生命周期教育的初始阶段，是国民教育体系的重要组成部分。办好学前教育，实现幼有所育，是党的十九大做出的重大决策部署，这不仅关系到亿万儿童全面健康发展，而且直接关乎国家未来的发展。随着当前教师专业化发展趋势，提高教师教育教学质量成为世界各国教育领域的主导运动。在促进幼儿身心健康的全面发展的过程中，幼儿教师的能力和素养成为促进幼儿身心全面健康发展的主要影响因素之一。然而，当前我国幼儿身体活动水平不高、体质健康水平下降、肥胖检出率偏高、专业幼儿体育教师匮乏、幼儿教师职业素养偏低等问题已严重影响到幼儿身心健康的全面发展。作为幼儿保教工作的主要责任人，幼儿园教师能否胜任幼儿园体育活动的开展？幼儿教师体育胜任力构成有哪些？影响幼儿教师体育胜任力的因素是什么？这些都是值得思考的问题。因此，本书从胜任力的角度出发，在胜任特征模型、需求层次理论及教师教育理论指导下，综合运用多种研究方法构建幼儿教师体育胜任力模型，并通过调查研究摸清我国幼儿教师体育胜任力现状及影响因素，旨为提高幼儿教师体育胜任力提供理论参考，同时也为学前教育阶段教师培养、入职考核、职后培训的改革提供理论依据。

　　本书内容共五章。第一章为导论，介绍了幼儿教师体育胜任力研究的时代背景、目的和意义。第二章介绍了教师胜任力的相关概念界定、研究现状及模型建构方法。第三章是理论基础部分，包括胜任特征模型（冰山模型和洋葱模型）、马斯洛需求层次理论及教师教育理论。第四章是幼儿教师体育胜任力模型构建，包括幼儿教师职业需求分析、幼儿教师体育胜任力词典的初步建立、完善胜任力词典，以及幼儿教师体育胜任力模型理论构建及内涵阐释。第五章为幼儿教师体育胜任力实证研究，通过调查了解幼儿教师体育胜任力的现状和影响因素。编制《幼儿教师体育胜任力自评问卷》，并对问卷信效度进行检验。然后对19个省级行政区的25所幼儿园发放了问卷，调查分析幼儿教师体育胜任力中的职业道德、知识结构、专业素质、教学能力、个人特质情况。最后，对幼儿教师体育胜任力的外部影响因素进行分析，分别从年龄、教龄、学历、职称、工资5个方面进行研究。本书可供学前教育专业、体育专业师生及幼儿园教师参考阅读。

本书由本人独立完成，在编写过程中得到兰州大学、北京体育大学、陕西师范大学、西安体育学院、华中师范大学、山西医科大学、杭州师范大学、兰州大学附属幼儿园、汉中市城西幼儿园等诸多专家、老师和同学的大力支持，特别感谢兰州大学25位本科生在实地调查、数据分析中提供的帮助。本书的研究工作得到了教育部人文社会科学研究青年基金项目（19YJC890024）、兰州大学中央高校基本科研业务费专项资金（2023lzujbkydx037）和兰州大学人文社会科学类高水平著作出版经费资助。本书的研究基于前人大量研究基础之上，其成果均已在参考文献中列出，在此一并表示感谢！此外，本书还得到了兰州大学出版社的鼎力相助，感谢出版社编辑的辛勤付出。最后，谨对各位专家、老师、同学、出版社以及家人的关怀和帮助表示由衷的感谢！

作为一名体育人，深知体育活动对促进人的身心全面发展的积极作用。本书是继本人出版专著《幼儿基本动作的发展干预研究》后的又一成果，也是对幼儿基本动作的发展干预研究后的延伸，期望通过幼儿教师体育胜任力的提高来切实促进幼儿身心的健康发展。鉴于本书写作时间紧、任务重，以及本人研究能力有限，虽经多次修改，但书中错误和瑕疵在所难免，欢迎广大读者不吝赐教！

李阳

于兰州大学一分部

2023年11月

目　录

/ 第一章 /

绪 论

/ 第一节 /

研究缘起

一、国家对学前教育发展的高度重视

百年大计，教育为本。学前教育时期是教育全生命周期的起步时期，是组成国家教育框架的重要内容。办好学前教育、实现幼有所育是党的十九大做出的重大决策部署，这不仅关系数以万计幼儿全面健康和谐发展，而且关系党和国家的未来。党的十八大以来，国家连续实施三期学前教育行动计划，推动学前教育迅速发展，有效缓解了"入园难、入园贵"的问题。2018年11月，《中共中央 国务院关于学前教育深化改革规范发展的若干意见》指出，到2020年，全国学前三年毛入园率达到85%，普惠性幼儿园覆盖率达到80%，基本建成广覆盖、保基本、有质量的学前教育公共服务体系，基本完善学前教育管理体制、办园体制和政策保障体系。这一举措让开办幼儿园行为普遍得到了规范和保障，明显促进了保教质量的提升，基本上建立了主体为本专科的幼儿园教师培养架构。建立了幼儿园教师专业成长机制，普通高等学校学前教育专业质量认证和保障体系得以完善，幼儿园教师队伍综合素质和科学保教能力得到整体提升，进一步提升了幼儿园教师社会地位及待遇福利保障，使得这一职业的吸引力明显增强①。为深入贯彻落实党的十九届五中全会"完善普惠性学前教育保障机

---

① 中共中央、国务院：《中共中央 国务院关于学前教育深化改革规范发展的若干意见》，http://cpc.people.com.cn/n1/2018/1115/c419242-30403365.html。

制""建设高质量教育体系"的部署要求，积极服务国家人口发展战略，进一步推进学前教育普及普惠安全优质发展，2021年12月，教育部等9部门决定实施"十四五"学前教育发展提升行动计划。在继续扩大资源的同时，着力提升幼儿园保教质量；要求更加增强学前教育普及普惠水平，全国学前三年毛入园率达到90%以上（到2025年）；更进一步建立覆盖城乡、布局合理、公益普惠的学前教育公共服务体系，进一步完善普惠性学前教育保障机制，促进幼儿园保教的质量全面提升，基本形成科学的幼儿园—小学衔接机制①。根据该提升计划，中央财政将2011年起至2021年这十年间累计的统筹资金1730亿元用以支持学前教育发展，以此带动地方投入力度与规模的扩大，推进学前教育事业快速向前。数据显示，2010年到2021年，全国学前教育三年毛入园率显著提升（由56.6%提高到88.1%），达到87.78%的普惠性幼儿园覆盖率②。从以上文件精神可以看出党和国家对学前教育事业的深切关怀与期盼。新时代、新征程，推进学前教育普及普惠进一步朝向安全优质发展，对于积极服务国家人口发展战略，满足人民群众幼有所育的美好期盼，为社会主义建设培养德智体美劳全面发展的建设者和接班人具有重要意义。

二、教师专业化发展的时代诉求

近年来，随着我国现代信息技术的快速发展，经济全球化进程的日益推进，社会群体对教师的工作质量和效率提出了更高要求。在这种背景下，以教师专业化发展为核心的教师教育改革已成为教育领域与社会发展的共同特征，教师教育趋向于教师专业化发展方向，世界各国纷纷将此作为提高教师质量的主要行动。教师专业化的大力推进，将对我国教师队伍质量建设、教师教育的改革与发展具有重要意义。

幼儿园教师的质量很大程度上决定着学前教育的定位，而高素质专业化的幼儿园教师队伍能够有力保障教育和儿童健康的高质量发展。2012年教育部印

---

① 教育部：《教育部等九部门关于印发〈"十四五"学前教育发展提升行动计划〉和〈"十四五"县域普通高中发展提升行动计划〉的通知》，http://www.moe.gov.cn/srcsite/A06/s7053/202112/t20211216_587718.html。

② 财政部：《财政部下达支持学前教育发展资金230亿元 持续推进学前教育普及普惠优质发展》，http://www.gov.cn/xinwen/2022-05/13/content_5690120.htm。

发《幼儿园教师专业标准（试行）》，该标准包括专业理念与师德、专业知识和专业能力3个维度、14个领域、62项基本要求，对规范幼儿教师的保教行为、引领幼儿园教师专业发展提供了重要依据①。2018年中共中央、国务院印发了《中共中央 国务院关于全面深化新时代教师队伍建设改革的意见》，强调了培养建设新时代高素质专业化创新型教师队伍的重要性，提出要全面提高幼儿园教师质量，建设一支高素质善保教的教师队伍②。同年11月，中共中央、国务院发布《中共中央 国务院关于学前教育深化改革规范发展的若干意见》，提出要严格管理教师队伍，严格执行教师专业标准，切实提高教师专业水平和科学保教能力③。这些文件的出台不仅体现了党和政府对学前教育的重视，而且对幼儿教师的能力提出了更高的期许。学前教育发展离不开一批安全的幼儿园的建立，更离不开打造师德高尚、业务精良的教师队伍。因此，如何促进教师教育教学质量的提升，敦促优秀教师的工作胜任力得到增强，成为教师专业化发展中重大的研究命题。

三、幼儿体质健康水平提高的迫切需要

幼儿体质健康水平不仅关系幼儿身心健康发展，而且还会影响未来整个国家民族的发展。虽然有数据表明，2021年全国幼儿园在园幼儿数比2011年得到有效增加，达到4805.2万人（2011年为1380.8万人），全国学前三年毛入园率也增长了25.8个百分点（由2011年的62.3%增长为2021年的88.1%），基本实现了学前教育的普及④。但是，随着我国经济社会的快速发展，幼儿肥胖、超重等问题已成为制约其体质健康发展的重要问题。2019年首都体育学院联合相关体育机构发布《中国3～6岁幼儿体质研究报告》，该报告是基于28个省区市1256所

① 教育部：《教育部关于印发〈幼儿园教师专业标准（试行）〉〈小学教师专业标准（试行）〉和〈中学教师专业标准（试行）〉的通知》，http://www.moe.gov.cn/srcsite/A10/s6991/201209/t20120913_145603.html。

② 中共中央、国务院：《中共中央 国务院关于全面深化新时代教师队伍建设改革的意见》，http://www.gov.cn/zhengce/2018-01/31/content_5262659.htm。

③ 中共中央、国务院：《中共中央 国务院关于学前教育深化改革规范发展的若干意见》，http://cpc.people.com.cn/n1/2018/1115/c419242-30403365.html。

④ 教育部：《十年来我国学前教育取得跨越式发展 公益普惠底色更加鲜明》，http://www.moe.gov.cn/fbh/live/2022/54405/mtbd/202204/t20220426_622018.html。

幼儿园12万多名3～6岁幼儿的体质健康测试和研究。调查表明，从整体看，一是我国3～6岁幼儿体质健康总体水平不高。近五分之一（18.4%）幼儿体测未达标，且优秀率（3.4%）和良好率（14.6%）较低。二是肥胖问题比较严峻。肥胖总检出率为7.2%，男性幼儿肥胖检出率（7.8%）高于女性幼儿（6.6%），6岁幼儿肥胖检出率最高（男9.6%，女9.1%），已逼近我国小学生的肥胖检出率[①]。李林教授认为影响我国幼儿体质健康的主要原因是幼儿体育活动时间不足、负荷强度偏低。追其根源，主要是幼儿体育场地设施和师资条件较差、体育活动的内容和方法的针对性不强，以及家长不重视等因素造成。吴思琴等通过对武汉市1002名3～6岁幼儿测试数据分析发现，3～6岁幼儿在立定跳远、坐位体前屈、双脚连续跳、15米绕障碍跑和平衡木等身体素质方面的成绩出现退步，这是影响3～6岁幼儿体质监测结果的重大影响因素[②]。谷长伟等对新冠疫情前后幼儿体质进行对比研究，研究发现疫情后中、大班幼儿体重均低于疫情前，身高除大班幼儿无显著差异外均低于疫情前同年龄段幼儿，尤其是中班女孩。身体素质上，立定跳远、双脚连续跳总体呈现明显下降趋势[③]。幼儿体质受众多因素的影响，诸如年龄、性别、民族、遗传、出生方式、睡眠时长、饮食及运动习惯等因素都会不同程度地影响着幼儿的体质健康[④]。以上可见，当前我国幼儿体质健康状况不容乐观，尤其表现在身体素质方面。不过令人欣喜的是，幼儿体质健康问题已受到国家和全社会的极大关注，并积极采取系列应对措施，相信在国家、社会、园所、家庭的共同努力下，幼儿体质健康状况定会得到改善。

四、幼儿教师体育胜任力不足的现实困境

幼儿体育是整个学校体育工作的起点，在培养幼儿的体育兴趣、体育参与、

---

① 人民网：《警惕！学前"小胖墩儿"太多了》，http://edu.people.com.cn/n1/2019/1211/c1053-31500717.html。

② 吴思琴,张欣：《2010—2020年武汉市幼儿体质水平变化分析》，第十二届全国体育科学大会论文摘要汇编,武汉,2022,第80-81页。

③ 谷长伟,谢慧松,何佳星：《新冠疫情前后幼儿体质对比研究——以北京市丰台区F园为例》,第十二届全国体育科学大会论文摘要汇编,北京,2022,第1231-1233页。

④ 罗莹、马靓、李红娟：《云南省汉族与少数民族幼儿体质现状及影响因素》，《中国学校卫生》2020年第7期。

运动习惯等方面起着重要作用。作为接触体育的第一任教师，能否胜任这个工作，直接关系到幼儿以后的体育态度和体育学习。然而，目前我国多数幼儿园教师主要毕业于学前教育专业，专职幼儿体育教师极少。学前教育专业学生不懂体育技能，而体育专业的学生又没有掌握学前专业理论知识，"两张皮"共同造成幼儿教师体育胜任力不足的问题。徐晟馨（2018）对江西省幼儿园调查发现，江西省幼儿园专业体育教师配备方面空缺较大。被调查的361名幼儿教师中，有198名教师表示不能胜任幼儿体育教学工作，最重要的原因是体育知识和自身技能的不足，只有9人能胜任幼儿体育教学工作①。这侧面反映出幼儿园在师资力量培养上的不足，对于幼儿教师体育教育能力的培养有所欠缺，体育方面的培训、进修机会少。刘苗（2018）对广州市天河区市一级以上幼儿园的483名教师调查发现，学前教育专业的教师共计421名，但是大专以上学历的专业体育教师总人数仅为5名，仅有27.37%的幼儿教师参加过体育专业的培训，72.6%的幼儿教师未参加过针对体育专业的培训和进修，非常喜欢组织幼儿体育活动的仅有21.05%②。阴为（2018）对山东省公办幼儿园体育教师调查发现，90%的幼儿园渴望招收专业化的幼儿体育教师，济南市幼儿体育教师在数量上有较大的缺口，学前教育专业男女生比例接近1∶30，性别比例失衡③。

究其原因，一方面是在学前教育职前培养体系中，准教师长期缺乏体育方面的知识，缺乏技能专门学习与训练的机会，致使入职后在开展体育活动时，存在对体育活动教学目标认识不清、教学内容选择不恰当、动作示范不规范、教学设计不合理、教学方法运用不当、运动负荷把握不准等问题，对幼儿体育教学活动的科学性、组织性和有效性大打折扣，直接影响着幼儿的基本运动能力及体质健康水平。另一方面，在职后培训中虽然多数教师有参加过"国培计划"的经历，但是缺乏体育方面的知识和技能的系统培训。因此，多方面的原因共同导致幼儿教师体育胜任力的不足。因此，幼儿教师体育胜任力是什么？

① 徐晟馨：《江西省高校学前教育专业体育教育开展研究》，硕士学位论文，江西师范大学，2018，第1-75页。
② 刘苗：《广州市天河区市一级以上幼儿园体育活动开展现状与对策的研究》，硕士学位论文，广州体育学院，2018，第34页。
③ 阴为：《济南市公办幼儿园体育教师需求及供给结构研究》，硕士学位论文，曲阜师范大学，2018，第45页。

其具体特征有哪些？理论基础是什么？如何提高幼儿教师体育胜任力？这些问题都有待进一步深入研究。

/ 第二节 /
研究目的与意义

一、研究目的

本研究以幼儿教师体育胜任力为研究对象，以全国部分省区市幼儿园教师为调查对象。本研究以幼儿教师体育胜任力的概念作为逻辑起点，以当前幼儿教师体育胜任力所面临的现实问题为导向。在胜任力相关理论指导下，综合运用文献法、问卷调查法、行为事件访谈法等方法，构建幼儿教师体育胜任力模型，通过实地调研摸清当前幼儿教师胜任力现状及影响因素，为提高幼儿教师体育胜任力水平提供理论依据和实践方法，最终为切实促进幼儿身心健康发展服务。

二、研究意义

（一）理论意义

鉴于当前对教师胜任力的研究主要集中在高校和中小学，并且对于体育教师胜任力的研究薄弱，本研究在教育学、心理学、人力资源管理等理论指导下，对幼儿教师体育胜任力进行了研究，其研究拓宽了教师胜任力的研究范围，完善了幼儿体育教师胜任力的理论体系。

基于幼儿教师体育胜任力特征研究，构建了幼儿教师体育胜任力模型，分析了幼儿教师体育胜任力的影响因素，为幼儿教师体育评价提供了新的视角和理论支撑。

（二）实践意义

在幼儿教师方面，通过对幼儿教师体育胜任力进行调查研究和总结，有助于了解我国幼儿教师体育胜任力水平的现状，明晰幼儿教师体育胜任力特征，为科学地评价幼儿教师体育胜任力提供支撑，同时也为改进与提高教师体育胜任力水平提供帮助。

在幼儿园方面，可为幼儿园对教师体育素养进行测评、体育教师岗位胜任力考核与绩效管理、在职教师的加薪解聘提供实践参考。

在教育行政及管理部门方面，可为幼儿师范院校学前教育专业人才培养模式、课程设计提供参照；也可为行政管理部门制定选人留人标准、幼儿教师资格的认定与考核、幼儿教师职后体育胜任力培训提供参考。

第二章

国内外教师胜任力研究进展

相关概念界定

一、胜任力相关概念界定

（一）胜任力

胜任特征这一概念的相关研究最早可追溯到"管理科学之父"费雷德里克·泰勒（Frederick W.Taylor）对科学管理的研究，他将其称为"Management Competencies Movement"，译为管理胜任特征运动，他对胜任特征进行的分析和探索即著名的"时间—动作研究"①。20世纪60年代，美国哈佛大学心理学家戴维·麦克利兰（D. C. McClelland）出版了《才能与社会——人才识别的新角度》一书，该书对人的某些个性特征及其外在表现出的工作取向（如工作态度、习惯）之间的关系进行了阐释，但此书并没有出现"胜任力"的概念。在1959年，罗伯特·怀特（Robert White）发表论文《再谈激励——胜任力的概念》，文中首次正式提到与人才识别和个人特性相关的"胜任力"（Competence）一词。他提出用智力因素这一指标来衡量某个员工的胜任力大小。1973年，戴维·麦克利兰认为仅用一个指标衡量胜任力存在很大的局限性，他认为胜任力

---

① SANDBERG J., "Understanding human competence at work: an interpretative approach," Academy of management journal 43, no.1(2000):9-25.

可以区分优秀和普通员工的知识、技能、人格特质以及与绩效有关的能力①。

　　胜任力一词最初来自拉丁语，即"Competere"一词，本义为适当的，在国内多将其译作胜任力、胜任特征等②。胜任力英文翻译为"Competence"或"Competency"。在牛津词典中，Competence 为名词，指胜任、能力或称职，Competent 为形容词，指有能力的，有权利的，有技能的，有知识的，等等；亦指能胜任的，能干的③。一些研究者认为"Competence"和"Competency"意思相同，但Michael（1998）表示，"Competence"一词强调胜任的条件或状态，它所表述的是为了高效完成工作，人们必须采取的行动或做的事情，这一条件或状态是员工根据工作所做出的。而"Competency"则更强调与杰出绩效有因果联系的行为维度（The Dimensions of Behavior）或行为特征（Behavioral Competencies），它所表述的则是人们履行工作职责时的行为表现，具体包括知道需要做什么（如批判性推理、战略能力、企业经营知识）、将工作完成（如成就驱动、自信、控制、适应、关注效果）、让他人与你一起工作（如激励、人际技能、关注产出、说服、影响）等④。也就是说，"Competence"是基准性的胜任力，是完成一项工作或任务必须具备的能力、知识、技能、特质等，而"Competency"是一种高绩效胜任的行为表现，可以显著区分高绩效和一般绩效的显著特征，是一种鉴别性的胜任力。

　　国外关于胜任力的概念界定中，研究者们从胜任的不同维度、胜任的外在行为表现、区分不同绩效的胜任力等方面进行界定。David（1973）将胜任力定义为知识、技能、能力、特质或动机，这一概念是与工作和工作绩效及生活中其他重要成果直接相关或相联系的⑤。Wood（1991）认为胜任力是一种明显的、能使个体胜任某项工作的行为⑥，说明人的胜任力是通过外显的行为表现反映出

　　① MCCLELLAND D. C., "Testing for competency rather than for 'Intelligence'," Am Psychol 28, no1, (1973): 1-14.

　　② 李玉华、林崇德:《国内外教师胜任力研究比较及思考》,《辽宁教育研究》2008年第1期。

　　③ 霍恩比:《牛津高阶英汉双解词典》(第四版),李北达译,商务印书馆,1997,第281页。

　　④ MICHAEL A., ANGELA B., Performance Management (London: The Cromwell Press, 1998), pp.296-299.

　　⑤ MCCLELLAND D. C., "Testing for Competence Rather Than for 'Intelligence'," American Psychologist 28, no.1(1973): 1-4.

　　⑥ WOOD RUFF C., "Competent by any other name," Personnel Management, (1991).

来的。Dubious（1993）认为是胜任力某一工作领域某一职位的胜任能力，这是可以将有不凡成就者与能力普通者相区分的深层次个人特征，且可通过某些手段被测量或计算出来①。Boyatzis（1994）认为胜任力是个体的潜在特征或特质，可能是动机、特质、技能、自我形象、社会角色或知识②。Halley（2001）认为胜任力是一种特性，且可以定量分析，它具有多维度特征，包含知识、技能、能力、特质、态度、动机和行为等③。欧洲理事会认为胜任力是基于知识、经验、价值观和性格的一般能力，这些胜任力是任何个人实现和发展、社会融合和就业能力所必需的。《欧洲教师胜任力和资格的共同原则》强调了促进欧洲教师胜任力和资格的重要性，于2010年通过里斯本改革战略，认为教师胜任力和资格发展是一个优先事项④。胜任力（就专业能力而言）可以被定义为个人需要具备和展示的关键专业、个人技能/才能、行为模式的总结，以便成功地完成计划的专业目标和执行相关的专业任务、职责和责任⑤。胜任力可解释为使用已被证明的知识和技能的能力。它也被描述为责任和自主性。

在国内，关于胜任力概念的界定中，管理学、教育学、心理学等领域的多位大家对胜任力进行了分析研究。王重鸣（2000）认为胜任力是知识、技能、能力、价值观、个性、动机等特性，这些特征能够产出高级管理绩效⑥。程凤春（2004）认为是对一个工作在给定职业领域或工作岗位上的人能够做此工作的描述，是对一个人在给定工作上应该展示的成果、能力、行为的描述，强调工作胜任力的基本标准⑦。薛琴（2007）认为是在某一工作中，与高绩效工作者密切

---

① DOBOIS D., *Competency-based performance improvement: a strategy for organizational change* (Amherst: HRD Press Inc, 1993).

② BOYATZIS R. E., "Rendering into competence the things that are competent," American psychologist 49, (1994):64–66.

③ HALLEY D., "The core competency model project," Correction Today 63, no.7(2001): 154.

④ EUROPEIA C., "Education and training 2010: the success of the Lisbon strategy hinges on urgent reforms" (Bruxelas: European Commission, 2004).

⑤ BLAŠKOVÁ M., "Rozvoj Đudského potenciálu. Motivovanie, komunikovanie, harmonizovanie a rozhodovanie [Human Potential Development. Motivation, Communication, Harmonisation and Decision Making," (2011):108.

⑥ 王重鸣:《管理心理学》,人民教育出版社,2000。

⑦ 程凤春:《学校管理者胜任力研究及其成果应用》,《比较教育研究》2004年第3期。

相关的个体潜在特征①。

表2-1　国内外胜任力概念界定

作者	胜任力概念界定
David（1973）	指与工作和工作绩效或生活中其他重要成果直接相关或相联系的知识、技能、能力、特质或动机。
Wood（1991）	指一组个体的相关行为，是一种明显的、能使个体胜任某项工作的行为。
Dubois（1993）	指职位的胜任能力，能将某一工作（组织或文化）中有卓越成就者与表现平平者区分开来的个人的深层次特征，它可以是动机、特质、自我形象、态度或价值观、某领域知识、认知或者行为技能，即任何可以被可靠测量或计数的并且能显著区分优秀与一般绩效的个人特征。
Boyatzis（1994）	一个人具有的并用在未来某个生活角色中产生成功表现的任何特质，这种个体的潜在特征，可能是动机、特质、技能、自我形象或社会角色、知识。
Halley（2001）	一种特性，并且可以测量，它包含知识、技能、能力、特质、态度、动机和行为等多个方面。
王重鸣（2000）	导致高级管理绩效的知识、技能、能力、价值观、个性、动机等特性。
程凤春（2004）	是对一个人在给定工作上应该展示的成果、能力、行为的描述，强调工作胜任力的基本标准。
薛琴（2007）	是在某一工作中，与高绩效工作者密切相关的个体潜在特征。

（二）胜任特征

胜任特征（competency）的研究最早可追溯到Taylor对科学管理的研究，当时称之为"管理胜任特征运动"（Management Competencies movement）②。Boyatzis（1982）将胜任特征定义为"一个人的有效和/或卓越的工作表现的潜在特征"，这一特征可能包括动机、特质、技能、自我形象或社会角色的一个方面，或一个知识体系③。Spencer等（1993）认为是能将某一工作中有非凡成就者与表现一般者区分开来的、具有个人显著层次的特征，这可以是动机、特质、

① 薛琴、林竹：《胜任力研究溯源与概念变迁》，《商业时代》2007年第31期。

② SANDBERG J, "Understanding human competence at work: an interpretative approach," Academy of Management Journal 43, no.1（2000）: 9–25.

③ BOYATZIS R. E., *The Competent Manager. A model for effective Performancee*（New York Wiley, 1982）.

自我形象、态度或价值观、某领域知识、认知或行为技能，以及任何可以被测量或统计且能显著区分卓越与一般绩效的个体特征[①]。Lucia（1999）认为胜任特征是个体的较为持久的潜在特征（underlying characteristic），它与一定工作或情境中效标参照的（criterion-referenced）有效或优异绩效有因果关系（causally related）[②]。胜任特征通常可以分为五个种类或层次，由低至高依次为动机、特质、自我概念、知识和技能[③]。徐建平（2004）在教师胜任力模型与测评中，认为它是能将高绩效教师和普通教师区分开来的个体潜在的特征，主要包括能力、自我认识、动机以及相关的人格特点等个人特性[④]。因此，胜任力是人的潜在特征，表明了行为或思维方式，概括了广泛的情况，并持续很长一段时间。

文献调研发现，不少研究者将胜任力和胜任特征混淆使用。根据上文辨析可见，胜任力和胜任特征有相同点，但也有区别，胜任力包括胜任特征，胜任特征是胜任力的显著外在表现。胜任力可理解为能胜任某一工作岗位或领域的能力，包括知识、技能、动机、个性、态度、价值观等；而胜任特征是显著的、与他人区别的特质，这种个体特征是优秀的、持久的、显著的，并且对实际工作绩效有重要作用。

（二）胜任力特征模型

胜任力特征模型构建的目的，一是提高工作效率，实现个人职业发展规划；二是识别个人特质和行为特征；三是区分高绩效工作者与一般绩效工作者的参照效标。运用科学严谨的程序和手段构建胜任力模型是保障所构模型合理性与有效性的重要前提。需要工作中的胜任力并不仅仅是培养基本能力或拥有技能、知识和属性来完成工作，还包括执行任务的意愿和愿望。这些因素受到日常工作经验和组织团队的感知性质的影响。因此，为了能总结出满足现实工作岗位中的胜任共性特征，需要设计适当的胜任力模型，以满足当前的角色和预测未来的能力。

胜任力特征模型（Competency Model）是胜任特征的综合和集中描述。在

[①] SPENCER L. M., SPENCER S. M., *Competence at work: Models for superior performance*（New York: John Wiley Sons. Inc, 1993）.

[②] LUCIA A. D., LEPSINGER R., *Art and Science of Competency Models*（San Francisco, CA: Jossey-Bassy, 1999）, p.5.

[③] 仲理峰、时勘:《家族企业高层管理者胜任特征模型》,《心理学报》2004年第1期。

[④] 徐建平:《教师胜任力模型与测评研究》,硕士学位论文,北京师范大学,2004,第26页。

1973 年，麦克利兰（McClelland）提出胜任特征的"冰山模型"，博亚特兹（Richard Boyatzis）在对麦克利兰的冰山理论进行了深入和广泛的研究后提出了"素质洋葱模型"。美国心理学家Spencer（1993）首次对胜任力模型定义，将胜任力模型定义为与参照绩效标准（优秀或合格）有因果关联的个体深层次特质或特征①。Williams（1998）认为胜任力模型涵盖多种胜任特征结构，由特定职业要求的优异特征组合起来，它描述了有效地完成特定组织的工作所需的知识、技能和特征的独特结合②。徐建平（2004）认为其是指担任某一特定的任务角色需要具备的胜任特征的总和，它是针对特定职位表现要求组合起来的一组胜任特征③。Bláha（2005）认为胜任力模型，即关键能力的概况，代表了所需的个人特征、能力、知识、技能、经验、习惯、态度、价值取向、个人动机④。Erpenbeck 和 Rosenstiel（2007）提供了一个模型，将能力分为四类：个人能力、社会/人际能力、行动相关能力和领域相关能力⑤。Nippa 和 Egeling（2009）使用了另一种分类，将能力分为元能力、领域能力、方法能力和社会能力。其他作者提出了领导力和管理能力模型，对于某些任务或工作概况也有胜任力模型⑥。王卓然（2011）认为其是为达成某一绩效目标的一系列不同胜任力要素的组合，它是胜任力的结构形式⑦。

从以上可见，胜任特征模型是多种胜任特征的集中表述，是个体为在担任某种职业角色或胜任某个特定工作，力求表现优异时，所要求具备的胜任特征

① SPENCER L. M., SPENCER S. M., *Competence at work: Models for superior performance*（New York：John Wiley Sons. Inc，1993）.

② WILLIAMS R. S., *Performance Management*（London：International Thomson Business Press，1998），p.104.

③ 徐建平：《教师胜任力模型与测评研究》，硕士学位论文，北京师范大学。

④ BLÁHA J., MATEICICUS A., KAŇÁKOVÁ Z., *Personalistika pro malé a střední firmy*（CP Books，as，2005），p.44.

⑤ERPENBECK J., VON ROSENSTIEL L.，"Vorbemerkung zur 2. Auflage," Handbuch Kompetenzmessung，（2007）：2.

⑥ NIPPA M., EGELING A.，"Kompetenzbedarfe im Kontext hybrider Wertschöpfung" in Hybride Wertschöpfung：Konzepte, Methoden und Kompetenzen für die Preis-und Vertragsgestaltung.（Lohmar, Germany：Josef Eul Verlag Gmbh.，2009），pp.139-172.

⑦ 王卓然：《我国胜任力模型研究综述——对 2003 年—2011 年间 480 篇学术论文的文献综述》，《商场现代化》2011 年第 12 期。

的总和。个体可以通过胜任力模型，对标自己在当前岗位上的胜任程度，充分发挥个体胜任特征，弥补自己某些胜任特征上的不足。

二、教师胜任力与教师专业素养概念界定

(一) 教师胜任力

在国外，20世纪80年代前后，教师胜任力被引入教育研究领域。早期研究聚焦于教育管理者的胜任力评价，英美两国教育领域热衷于校长胜任力研究，成为当时两国教育热点问题之一，以英、美为代表的基准模式和卓越模式将校长胜任力模型纳入校长人力资源管理制度之中[1]。从21世纪初期开始，教育领域对于胜任力的研究以教师为主。Watts（1982）将教师胜任力阐释为成功的教学实践所必需的教育教学方面的知识和技能[2]。Carl等（2000）则将教师胜任力定义为教师个体所具备的、与成功实施教学相关联的一种专业知识、专业技能和专业价值观[3]。教师胜任力测评技术在教育中的应用属于教师评价领域。Tigelaar等（2004）认为教师胜任力（teaching competencies）是指教师的人格特征、知识等在不同教学背景下所需要的教学技巧及教学态度的综合[4]。

在国内，2003年邢强引用了Carl等人的研究，即教师胜任力（teacher competency）指教师个体所具备的、与实施成功教学有关的一种专业知识、专业技能和专业价值观。它隶属于教师的个体特征，是教师从事成功教学的必要条件和教师教育机构的主要培养目标[5]。曾晓东（2004）认为教师胜任力是指教师知道的（知识）、能做的（技能）、信仰的（价值观）的具体内容，它直接影响教师的教学成绩，但它并不指这些因素的作用效果[6]。李英武等（2005）研究指出

① 张东娇、胡松林：《英、美中小学校长胜任特征模型对中国校长管理制度的启示》，《比较教育研究》2006年第4期。

② WATTS D., "Can campus-based pm-service teacher education survive? Part II: Professional knowledge and professional studies," Journal of Teacher Education 33, no.2(1982):37–41.

③ CARL OLSON, JERRY L WYETT, "Teachers need af-fective competencies," Project Innovation Summer, no.7(2000):30–33.

④ TIGELAAR D. E., DOLMANS D. H., WOLFHAGEN I. H., VAN DER VLEUTEN C. P., "The development and val-idation of a framework for teaching competencies in higher education," Higher Education 48, no.2(2004):253–268.

⑤ 邢强、孟卫青：《未来教师胜任力测评：原理和技术》，《开放教育研究》2003年第3期。

⑥ 曾晓东：《对中小学教师绩效评价过程的梳理》，《教师教育研究》2004年第1期。

中小学教师胜任力包括情感道德特征、教学胜任力、动机与调节、管理胜任力[1]。蔡晓军（2009）把高校教师胜任力定义为与教书育人或科研成果直接相关联的专业知识与能力、工作动机、自我形象、社会角色或个人特质，是个体在教育教学或科研工作中成功采取行动的决定性因素[2]。

综上，首先，国内外学者均认为教师胜任力是教师的个人特征，是显著区别于其他职业的显著特征。其次，教师胜任力具有包括教师个体所具备的专业知识、专业技能、人格特征（价值观）三个方面的特征。最后，教师胜任力特征会产生良好的效果，教师胜任力特征直接影响着教学的成效。总体来看，国内外对于教师胜任力概念的理解基本一致。

（二）教师专业素养

《现代汉语学习词典》中素养作为名词义指"平时的修养"。素质指人的生理上的先天特点，事物本来的性质，人的体质、品质、知识、能力等[3]。素养与素质同义，从广义上讲，包括道德品质、外表形象、知识水平与能力等方面。两者之间的区别在于，生理学角度中的"素质"一词，主要是指人类大脑、运动器官和感觉器官的特征，人类心理活动变化与发展的首要条件便是素质；而"素养"一词则是因学科的不同而释义万千，但众多学科之中达成了共识，即素养的基本前提是人的自然属性，基础则包括人类的生理及心理反应。一方面，素质在心理学上主要是指人的某些先天的特征，而素养主要是指一个人在后天学习和训练中形成的技术技巧和能力，注重个体的全面发展，强调对知识的内化，是个体成长的核心[4]。

教师专业素养直接关系着高素质人才的培养，学生良好素质的培养离不开教师的引导和示范。林崇德（1996）认为教师专业素养是指教师在教育教学过程中表现出来的，对其教学效果有一定决定意义的、直接影响学生身心发展的心理素养的总称，主要包括专业知识的教育、专业精神和专业能力的教育，三个方面不是独立存在的，而是相互作用、相互影响的[5]。李晓波（2016）从教师

① 李英武、李凤英、张雪红：《中小学教师胜任特征的结构维度》，《首都师范大学学报》（社会科学版），2005年第4期。

② 蔡晓军：《高校教师胜任力模型分析综述》，《教育与职业》2009年第15期。

③ 符淮青、张万起：《现代汉语学习词典》，商务印书馆，2010，第1207页。

④ 黄友初：《教师专业素养：内涵、构成要素与提升路径》，《教育科学》2019年第3期。

⑤ 林崇德、继亮、辛涛：《教师素养的构成及其培养途径》，《中国教育学刊》1996年第6期。

专业发展角度认为教师作为专业人员，在职业理想、职业道德、专业品质、专业能力、专业知识等方面由不成熟到成熟的发展过程，即由一名新任教师发展成为专家型教师的成长过程，是教师在日积月累中，不断提升专业素养、日渐明晰专业理想、逐步提高专业能力、最终形成专业自我的过程[①]。黄友初（2019）认为随着信息化的发展，教师专业素养有了新的时代诉求，信息化社会不仅是教师专业素养的诉求，也是教师专业发展进程中的诉求，随着教育环境的变化，教师专业素养也在不断发生变化，教师的教学理念、知识结构和能力都要发生变化，这体现了教师专业素养的专业性、统领性和发展性特征[②]。

综上所述，教师胜任力与教师专业素养有相同点，也有不同之处。相同点是两者都是一名教师所必备的知识、技能、价值等方面的要求和体现，并且两者均影响着教学效果。区别在于，一是教师胜任力反映一名优秀教师所具备的专业特性或特征，教师胜任力倾向于一种高绩效的教师标准。二是在教育实践过程中，教师专业素养的形成与培养是一种动态变化的过程，而教师胜任力更侧重于一种标准。也就是说，教师专业素养更强调过程，而教师胜任力更强调结果。

三、教师评价概念界定

教师评价课题事关教育发展导向，是教育领域的核心议题。在国内，王焕励（1995）在《实用教育大词典》中认为教师评价是对教师资格和教学质量的评价[③]。顾明远（2002）在《教育大辞典》中将对教师教学活动和教学效果的测量和判断定义为教师评价[④]。王汉澜（1995）则认为其是运用现代教学评价理论与方法，参照学校的培养目标和教师的根本任务，对教师个体的工作质量的价值判断[⑤]。孙河川（2011）认为教师评价指运用恰当的评价理论和方法手段对教师综合素质的评判，旨在促进教师专业发展和提高教学效能[⑥]。陈永明（2002）认为其是通过对教师素质和教师的教学行为表现状况的测量，评判教师素质水

① 李晓波：《教师专业发展》，南京大学出版社，2016，第16页。

② 黄友初：《教师专业素养：内涵、构成要素与提升路径》，《教育科学》2019年第3期。

③ 王焕励：《实用教育大词典》，北京师范大学出版社，1995，第211页。

④ 顾明远：《教育大辞典》（上），上海教育出版社，2002，第50页。

⑤ 王汉澜：《教育评价学》，河南大学出版社，1995，第354页。

⑥ 孙河川：《教师评价指标体系的国际比较研究》，商务印刷出版社，2011，第5页。

平及教育教学效果[①]。刘欣（2003）认为其是在国家的教育价值导向下，根据学校设定的教育目标以及教师应当承担的任务，按照一系列规章程序，运用科学的评价方法，在充分收集各方信息的基础上，对教师个体的教育教学工作进行价值判断的活动[②]。胡中锋（2008）认为其是评价者根据一定的评价标准和程序，采取多种方法搜集评价资料，对教师个人资格、能力与表现进行价值判断的过程[③]。

在国外，1986年苏联教育部在《关于学校工作的指标》中认为教师评价是为了使学生尽最大可能掌握新教材，在教师组织教学和教育过程中，采用现代化教育教学的方法和形式，并能在具体条件下择其最优结合，对教师能力的评价[④]。Shinkfield（1995）认为是对教师的表现及其资格（包括界定的教师专业角色和学区使命）进行系统性的评价[⑤]。Peterson（2000）认为教师评价体系应当具有先进的技术，应是公平、公正的，评价应涵盖全系列的教师类型及职责。评价体系具有自评机制，应该取得外部评价专家和学识渊博的教育者的信任[⑥]。Nolan（2007）认为是对教师的行为与能力进行全面的判断，决定人员的聘任和继续任用的一种组织能力[⑦]。Bullock（2013）认为是对教师进行的评价程序，包括由多个人完成的多种评价形式，用以决定教师和教育项目的效能[⑧]。

综上可见，虽然国内外学者对教师评价的界定各不相同，但对这一概念的理解却有异曲同工之妙，均认为教师评价是一种价值判断的过程。这一过程如何判断？依据教育的目的、教学的目标以及教学效果，运用科学的评价体系及手段判定教师的资格、教师行为举止和教学质量的好坏。区别在于国内教师评价更注重于评价教师的能力、素养、行为、工作效能等方面，而国外教师评价

---

① 陈永明：《教师教育研究》，华东师范大学出版社，2002，第346页。

② 刘欣：《我国教师评价理论及发展趋势》，《济宁师范专科学校学报》2003年第4期。

③ 胡中锋：《教育评价学京》，中国人民大学化版社，2008，第222页。

④ 瞿葆奎、陈击报、赵永年：《教育评价》，人民教育出版社，1989，第667页。

⑤ SHINKFIELD A. J., Daniel S., *Teacher Evaluation: A Guide to Effective Practice* (Boston: Kluwer Academic Publishers, 1995), p.87.

⑥ PETERSON K. D., *Teacher Evaluation: A Comprehensive Guide to New Directions and Practices* (Thousand Oaks: Corwin Press, 2000), p.57.

⑦ JAMES NOLAN, LINDA A. HOOVE：《教师督导与评价：理论与实践的结合》，兰英译，中国轻工业出版社，2007。

⑧ BULLOCK D., *Assessing Teachers: A Mixed-Method Case Study of Comprehensive Teacher Evaluation* (proquest llc, 2013), p.200.

的目的更多地侧重于教师资格的准入，评价是否决定聘用，并且评价主体主要以外部专家为主。

概念是研究的逻辑起点，是面对任何一项研究首先要研究解决的问题。尽管研究人员在高校教师胜任力的内涵研究中达成了一定的共识，但仍存在着一定的分歧。概念界定的不一致反映了研究者对胜任力内涵与外延理解的多样性。鉴于此，本研究认为幼儿教师体育胜任力特指在幼儿园教育中，幼儿教师所必备的专业体育知识、技能、价值等方面的要求和标准。

/ 第二节 /

教师评价研究

教师评价是学校人力资源管理的有机组成部分，也是对课堂教学质量和教师质量的价值判断。教师评价是一项系统工程，它用一定时期的标准和指标来评价教师的工作，既反映了学校的发展目标，又对教师的专业发展起到了导向作用。

通过对已收集到的国内外文献进行整理分析，总结出四个方面的内容，一是教师评价制度研究，二是教师评价体系研究，三是不同类型学校教师评价，四是教师评价方法研究。

一、教师评价制度研究

目前，国内外现有的教师评价制度主要包括奖惩性教师评价制度和发展性教师评价制度，这两种评价制度的目的截然不同。其中发展性教师评价制度是一种新型的评价制度，它建立在评价双方相互信任的基础之上，旨在促进教师的专业发展，受到了广大教师和研究者的热捧。

在国内，王小飞（2002）对英国的教师评价制度进行了研究，对英国工党政府制定了新的评价体系计划进行了详细阐述，尤其是将效绩与薪金（PRP）联系起来的方法，并初步评估了两者的紧张关系及英国教师评价的发展趋向[1]。

---

[1] 王小飞：《英国教师评价制度的新进展》，《比较教育研究》2002年第3期。

赵希斌（2003）认为发展性教师评价现在已经成为发展的必然趋势。应该在评价中突出教师的主体地位，促进教师积极参与到评价中，教师评价应该由简单的评判转向促进教师不断发展的方向上[①]。何涛（2008）对奖惩性评价和发展性评价进行了各自阐释，分析了当前教师评价的趋势，认为发展性评价应成为今后教师评价的方向，并重视合理利用奖惩因素[②]。栗惠芳（2011）认为发展性教师评价为高校教师工作绩效评价提供了新的视野[③]。

在国外，Alan（1991）明确指出奖惩性教师评价制度与发展性教师评价制度之间的矛盾不可调和，认为教师评价应当面向全体教师，坚持公平客观的原则，以促进教师潜能的最大限度发挥[④]。Matthew（2017）研究认为美国2015年通过的《每位学生成功法案》为州决策者重新设计现有评估体系提供了更大的自主权。然而，几乎没有研究证据可以为两个关键的体系设计特征（教师绩效衡量权重和绩效评估阈值）提供决策信息，该研究阐明了绩效衡量权重和评估阈值在决定教师的总结性评价评分和教师水平分布方面的关键作用[⑤]。Yoo（2018）对韩国2011年实施新的教师评估制度进行研究。研究认为由衡量教师绩效和支持职业发展的合理可靠的组成部分所组成的教师评价制度，可以成为确保高质量教学的有效手段，反过来，也可以对学生的成绩产生积极影响。然而，根据对索恩和哈里斯提出的基于问责制理论视角的案例研究，该研究认为要使评价制度在每个学校取得成功，就必须进行问责制、必要的修改和相互适应[⑥]。Timothy（2020）为了改进美国新一代教师评价政策的设计和实施，对总结性评价和形成性评价进行优化整合。研究认为在当前的教师评价制度中，问责制/目标达成（总结性）和专业成长/提高（形成性）这两个主要目的往往相互

---

① 赵希斌：《国外发展性教师评价的发展趋势》，《比较教育研究》2003年第1期。

② 何涛、潘志勇：《发展性教师评价研究》，《教育与职业》2008年第9期。

③ 栗惠芳、黄长喜、彭帮国：《发展性教师评价理论视野下的高校教师工作绩效评价研究》，《中国成人教育》2011年第19期。

④ EVANS A., TOMLINSON J., "Teacher appraisal: A nationwide approach," British Journal of Educational Studies 39, no.2(1991).

⑤ MATTHEW P. STEINBERG, MATTHEW A. KRAFT, "The Sensitivity of Teacher Performance Ratings to the Design of Teacher Evaluation Systems," Educational Researcher 46, no.7(2017):378-396.

⑥ YOO J., "Evaluating the new teacher evaluation system in South Korea: Case studies of successful implementation, adaptation, and transformation of mandated policy," Policy Futures in Education 16, no.3(2018):277-290.

矛盾，但事实上它们不仅兼容，还可能需要在统一化的教师评价制度中将其相联系。新一代教师评价制度的挑战将是如何更好地将这两个目的融入政策和实践中，将自我决定理论框架和Stronge的提升导向型绩效评估模型进行整合，并使用这个综合框架来批判性地研究夏威夷和华盛顿特区的教师评价政策[①]。Jason（2019）研究在多元教师评价制度中的校长效能与教师流失问题，利用田纳西州的纵向数据调查发现，效率更高的校长的教师流失率更低，这种较低的流动率集中在高绩效教师中。Elam（2020）研究认为俄亥俄州教师评估体系（OTES）的健全性在很大程度上取决于评估人员对定性教师绩效量规的统一解释。该研究调查了教师的就业地区与教师在OTES下获得的教师绩效评级之间的关系，结果表明有必要继续或重新强调评估体系的统一解释[②]。

可见，发展性教师评价已成为当前教师评价中的主流，究其原因，杨建云（2005）认为我国实施发展性教师评价是在奖惩性教师评价制度无法取消的背景下进行的，实施发展性教师评价的关键不是与奖惩挂钩的问题，而是如何与奖惩挂钩的问题。我国实施的发展性教师评价实质上是把评价从一种单纯的管理手段提升为一种专业指导，通过评价来对教师专业发展予以有效的帮助和支持，以调动教师内在发展需求为前提，以实现真正意义上的专业发展[③]。张红霞（2006）认为造成种种问题的原因是奖惩性教师评价受到管理主义倾向的禁锢、方法中心主义的影响，以及师本观念的缺失和教师主体意识的丧失[④]。

虽然发展性教师评价受到多数教师的认可，但是在现实条件下，不少研究者建议将两者结合。朱秀娟（2005）认为随着我国基础教育课程改革的深入，教师评价改革引起教师和研究人员的广泛重视，同时也出现了两种截然不同的态度：要么一味固守奖惩性教师评价，极力排斥发展性教师评价；要么一味追随发展性教师评价，试图彻底否定奖惩性教师评价。这两种做法都有欠妥之处。

① TIMOTHY G. FORD, KIM HEWITT, "Better integrating summative and formative goals in the design of next generation teacher evaluation systems," Education Policy Analysis Archives 28 (2020): 63–63.

② ELAM NICHOLAS P., FINCH W. HOLMES, "Examining the Relationship Between Teacher Performance Ratings and District Under the Ohio Teacher Evaluation System," Journal of Education and Training Studies 8, no.4(2020):41–49.

③ 杨建云、王卓：《论我国发展性教师评价的实质》，《教育科学》2005年第1期。

④ 张红霞：《走向发展的教师评价》，硕士学位论文，河南大学，2006。

建议从更高层次上将两种教师评价制度整合，构建一种更为全面可行的教师评价制度[1]。郭文刚（2007）也认为我国发展性教师评价体系应构建发展性和奖惩性教师评价有机结合的评价系统，并实施全方位反馈评价和全过程的教师表现管理和考核[2]。

二、教师评价体系研究

教师评价的目的是促进教师专业化的发展，同时也为促进学生发展服务。教学评价是一个系统工程，包括评价目的、评价主体、评价内容、评价标准、评价过程及评价结果等方面。史景轩（2004）对日本中小学的教师评价进行了研究，通过对日本教师评价制度的主体、目的、方法、评价指标等进行考察，对日本教师评价体系的改革状况及发展特点有了更加深入的把握，可供我国中小学建立完善的教师评价体系借鉴[3]。唐善梅（2010）美国教师评价的基本目的是对教师履行指定责任义务时的所有相关工作与能力进行评价，这不仅由教师的教学表现界定，而且还应该包括教师对学校组织的贡献[4]。

在教师评价主体方面，欧本谷（2004）通过分析多元教师主体评价，发现不同教师评价主体的角色、地位、能力、经验等存在一定的差异，教师在教学评价中各自拥有的优势和不足就是由这些差异决定的。对这些优势和不足进行具体分析，并提出相应的策略与措施，有助于深化教育评价的理论研究，提高教师评价实践的科学性和实效性[5]。冯玉芳（2004）对美国高校教师教学评价的评价主体进行了研究分析，认为教师教学评价过程中，要注重形成性评价，使教学评价与专业发展更加紧密联系起来。要增加教学评价结果的公开性。在教学评价过程中，要使教师处于一种积极主动状态。评价时要采用不同的教学评价手段和方法[6]。Noelle（2019）调查了美国一个大的、发展迅速的郊区学校和

① 朱秀娟：《奖惩性教师评价和发展性教师评价的整合研究》，硕士学位论文，山东师范大学，2005。

② 郭文刚、董志明：《国内教师评价体系的探索和研究》，《教育理论与实践》2007年第17期。

③ 史景轩、刘芳：《日本中小学教师评价研究》，《基础教育参考》2004年第6期。

④ 唐善梅、裴育：《美国教师评价研究对我国高校教师评价制度的启示》，《继续教育》2010年第6期。

⑤ 欧本谷、刘俊菊：《多元教师评价主体分析》，《重庆大学学报》（社会科学版）2004年第10期。

⑥ 冯玉芳：《美国高校教师教学评价研究》，硕士学位论文，河北师范大学，2004。

学区管理人员关于其学区新教师评价体系的现行经验。研究认为管理人员不应使用外部高风险性评估结果，但要重视评估的过程及其教师成长的数据[1]。Reid（2018）认为在过去的十年里，美国的决策者、从业者和研究人员一直在研究教师评价政策和体系的变化是否导致了在优秀教师识别方面的改变，使学生成绩提高，但研究总体表明大多数州在教师评估方面几乎没有变化[2]。

在教师评价内容方面，Schafer（1999）提出了教师在评价领域所应具备的必需的基本技能，以内容领域方式来表征，共有八个内容[3]。易宣（2004）探讨了教师评价体系建构中评价标准的合理性，评价主体选择的合理性以及评价内容的合理性，并在系统分析的基础上，提出了解决相应合理性问题的原则观点[4]。申继亮（2008）的研究表明当前教师评价研究的重中之重是教师评价内容体系的重建。同时，提出了教师评价内容体系的金字塔模型，对加强教师培训与提升教师整体素质都具有重要价值[5]。

在教师评价标准上，王斌华（2009）在对教师评价标准某些错误标准的基础上，进一步探讨了教师评价标准的范畴、层次、指标体系和类型，并对评价标准提出了五种操作策略[6]。美国专业教学标准委员会制定的中小学教师教学评价标准主要涉及五个方面的内：对学生和教学负责；了解所教科目，掌握教课技巧；引导和启发学生学习；对自身的实践进行反思并学会从经验中学；成为学习集体中的一员。在评价内容上，美国洲际新任教师评价与支助协会认为应

---

① NOELLE A. PAUFLER, CHRIS CLARK., "Reframing conversations about teacher quality: school and district administrators' perceptions of the validity, reliability, and justifiability of a new teacher evaluation system," Educational Assessment, Evaluation and Accountability 31, no.1(2019): 33–60.

② REID D. B., "How schools train principals to use new teacher evaluation systems: A comparative case study of charter school and traditional public school principals," Journal of School Choice 12, no.8(2018:237–253.

③ SCHAFER W. D., "Essential assessment skills in professional education of teachers," Educational Measurement: Issues and Practice 10, no.1(1991):3–6.

④ 易宣、朱方长:《高校教师评价体系建构的合理性问题研究》,《高等农业教育》2004年第3期。

⑤ 申继亮、孙炳海:《教师评价内容体系之重建》,《华东师范大学学报》(教育科学版)2008年第2期,40页。

⑥ 王斌华:《教师评价标准的研究》,《教师教育研究》2009年第6期。

该从10个方面对教师进行评价：学科知识，学生学习，学习差异，教学策略，学习环境，师生交流，教学计划，教学评估，专业发展与反思，协作精神、道德准则和教学友谊①。

教师评价体系中教师素养是教师评价中的重要组成部分。Stiggins（1999）建构了新的教师评价素养框架，认为"教师的学生教育评价能力标准"只包含教师所需的课堂评价能力的几个重要方面，仍没有涵盖教师在课堂上所真正需要的全部评价能力②。郑东辉（2009）认为对于教师来说，发展自己的评价素养，最重要的是加强专业学习和改善评价实践。教师的专业学习是基于问题的学习、从做中学习、合作学习和应用学习，通过学习获得相关的评价知能。要改善糟糕的评价实践，教师可以在设计评价方案、改进课堂提问、合理使用反馈、引导学生参与评价等方面采取行动③。宁静（2011）认为当代教师职业道德评价主要包括提升教师职业道德评价的重视程度、以实践性的教师职业道德评价理念为主导、建立切实有效的教师职业道德评价标准、以发展性教师职业道德评价代替奖惩性教师职业道德评价、实现教师职业道德评价方式的多样化五个方面④。赵雪晶（2013）则对听评课的教师评价素养提升进行了研究，分析了"听评课"中所表现的教师评价素养的缺失，探讨了其产生的原因所在，建议从改变评价形式、设计评价工具、引导评价反思这三个方面探索提升教师评价素养⑤。Smith（2020）调查了佛罗里达州中西部的两个学区退伍军人中学教师对评价反馈的看法与教学实践自我效能之间的关系。研究显示接受特定评价反馈的教师与接受非特定评价反馈教师相比，有更高的教师自我效能。反馈感知值是教师自我效能感的最强预测因子。这些发现将教师对评价反馈的看法与教师教学实践的自我效能联系起来，能为改进专业发展实践提供信息⑥。

---

① 闫兵、魏宏聚：《美国中小学教师评价的理解及启示》，《教育理论与实践》2008年第18期。

② STIGGINS R. J., "Evaluating classroom assessment training in teacher education programs," Educational measurement: Issues and practice 18, no.1(1999):23-27.

③ 郑东辉：《教师评价素养发展研究》，硕士学位论文，华东师范大学，2009。

④ 宁静：《当代教师职业道德评价研究》，硕士学位论文，沈阳师范大学，2011。

⑤ 赵雪晶：《基于听评课的教师评价素养提升策略研究》，《教师教育研究》2013年第2期。

⑥ SMITH E. C., STARRATT G. K., MCCRINK C. L., et al, "Teacher evaluation feedback and instructional practice self-efficacy in secondary school teachers," Educational Administration Quarterly 56, no.4(2020):671-701.

三、不同类型学校教师评价

不同类型学校的教师评价主要包括高校教师评价、中小学教师评价及幼儿园教师评价三类，其中以高校教师评价研究居多。熊岚（2007）针对当前我国高校教师评价存在的主要问题，认为应确立"以教师为本，促进教师持续成长与发展"的评价观。重视教师教学过程的评价，立足采纳切合高校自身办学定位的科研评价内容和方式。坚持评价主体的多元化，重视评价的反馈环节，赋予教师充分的话语权[①]。王光彦（2009）认为大学教师绩效评价的根本目的，就是按照以人为本和促进学术发展的理念，通过科学地遵循绩效评价原则，有效运用评价模式、技术、方法、手段，使教师的评价过程与结果与教师聘用聘任、薪酬分配、培养培训等人事管理环节有效衔接起来，通过绩效评价的导向作用和管理功能，实现教师人才资源的合理配置，从而在保障大学组织目标实现的同时，促进大学教师的专业发展、自主发展、全面发展[②]。田春艳（2010）认为高职教师评价应遵循素质教育理念和高等职业教育理念，按照高职教育人才培养模式的要求和素质教育倡导的原则，重点对高职教师学习能力、教学能力、科研能力及实践能力进行评价，从而提高教师的能力和水平，促进高职教育的发展[③]。从以上看出，在高校教师评价过程中，是以促进人的发展为最终目的的，按照国家对人才培养的要求对教师要求的多种能力，尤其是绩效进行综合评判。

在高校教师评价中，一些研究找出了当前高校教师评价中存在的问题，并提出了建设性意见。王攀（2006）在分析我国高校教师科研评价现状的前提下，对高校教师科研评价存在的问题及其原因进行了分析，并提出完善高校教师科研评价的对策，这对优化科研资源配置，解决当前高校教师科研评价不合理现象和促进高校科研管理方面都能起到一定的参考作用[④]。张春华（2006）认为高等学校教师的评价是高校管理的重要内容，科学地、客观地评价教师的工作，是实现对教师科学管理的重要标志。要保证教师评价的科学性、客观性，必须

---

① 熊岚:《人本取向的高校教师评价研究》,《高校教育管理》2007年第1期。

② 王光彦:《大学教师绩效评价研究》,硕士学位论文,华东师范大学,2009。

③ 田春艳:《素质教育视角下的高职教师评价研究》,《天津职业大学学报》2010年第6期。

④ 王攀:《高校教师科研评价研究》,硕士学位论文,武汉理工大学,2006。

做到理论和实践的统一，学校自身改革和高等教育整体改革的统一，评价目标与评价手段的统一，定性评价、定量评价与发展性评价、多元评价的统一①。郑延福（2012）反思了高校教师评价，总结传统教学评价的问题和本科教学评估的不足，并对教师教学质量进行分类评价，真正发挥了评价的导向和激励作用②。

针对当前中小学教师评价中存在的评价内容窄化、评价方法片面和评价主体单一等问题，张先义（2021）建议中小学校坚持以人为本，树立促进教师成长的评价思想；完善评价内容，确立高质量促进教师发展的价值定位；借力人工智能，构建助力教师发展的评价平台③。林慧清（2022）针对我国当前中小学教师评价指标体系过于烦琐复杂、教师负担重等困境，从评价指标体系框架、内容、计分三方面构建双减背景下的中小学教师评价指标体系④。

王景英、梁红梅认为美国中小学的教师评价改革是以提高学生学业成绩为核心，促进教师素质和专业水平发展的重要举措。其研究分析了美国教师评价出现的评价双重目的的统一、个别化督导与评价体系、评价聚焦于学生的学习、教师档案袋等新特点⑤。Sharon（2017）认为在美国，标准化和地方化测试结合结构化观察正在迅速成为教师评估体系的必需要素，并推动改善学校课程和学生成绩。为了解这项改革是如何发起的，以及教师、学生和管理人员在这项改革中的作用，对美国东北部大都市区的3个郊区的体育管理人员、高中体育教师和学生进行了21个月的访谈。结果发现本次改革变化不大，但自上而下的教师改革确实引发了一些变化⑥。此外，Malakolunthu（2012）对马来西亚小学教师评价进行了研究，调查了马来西亚四所小学实施校本教师评估实践的根本问

---

① 张春华、李忠祥：《对教师评价研究的几点思考》，《扬州大学学报》（高教研究版）2006第6期。

② 郑延福：《本科高校教师教学质量评价研究》，硕士学位论文，中国矿业大学，2012。

③ 张先义：《中小学教师评价的现实困境及改进策略》，《教师教育论坛》2021年第6期。

④ 林慧清：《"双减"背景下中小学教师评价指标体系的优化》，《福建教育学院学报》2022年第2期。

⑤ 王景英、梁红梅：《当前美国中小学教师评价的特点及其启示》，《外国教育研究》2002年第9期。

⑥ SHARON R. PHILLIPS, KEVIN MERCIER, SARAH DOOLITTLE, "Experiences of teacher evaluation systems on high school physical education programs," Physical Education and Sport Pedagogy 22, no.4(2017):364–377.

题，包括8名学校管理人员和16名教师。该分析聚焦了四个主题结构作为校本教师评估体系：政策方向、评估方法、评估工具和评估结果的利用，并建议按以上4个结构对现有的校本教师评价体系进行改革[1]。Gadusova（2017）认为提高斯洛伐克学校系统教师质量的问题已引起共鸣，并已成为尼特拉（斯洛伐克共和国）康斯坦丁大学专家的挑战。研究认为通过设计客观的标准，同时制定自我评价机制，可以获得额外专业技能的潜力，从而提高教师的绩效质量。该研究项目侧重于教师专业知识的三个领域：针对学生的能力、面向教育过程的能力，以及与教师个人和专业发展相关的能力。并制定了评估教帅的指标和评估工具[2]。

赵芳芳（2014）发现目前我国幼儿园教师评价的重点仍放在评价理论的构建上，应用研究不足，本土化研究不足，农村幼儿园教师评价研究缺乏[3]。温燕（2021）认为传统教师专业发展模式对教师的个性化专业发展需求照顾不足，同时缺乏灵活性和便捷性，无法准确把握教师专业发展的前沿和紧迫问题。幼儿发展评价可以为教师专业自主发展提供现实动力与事实依据，促使教师不断反思与完善，开展幼儿发展评价的过程也是教师专业自主发展的过程[4]。Kudek（2020）研究了学前和小学教师的自我评估中对包容性教育过程设计。结果发现幼儿教师和小学教师在包容性实践和终身教育方面存在相关性，他们在更高的自我评估中有更多的工作经验，包括各种组织形式。此外，经验丰富的幼儿和小学教师认为自己更有能力规划和开发个性化课程[5]。

四、教师评价方法研究

目前，教师评价方法的研究中主要包括模糊数学、层次分析法、网络分析

---

① MALAKOLUNTHU S., VASUDEVAN V., "Teacher evaluation practices in Malaysian primary schools: Issues and challenges," Asia Pacific Education Review 12, no.3(2012):449-456.

② GADUSOVA Z., HOCKICKOVA B., Lomnicky I., et al., "Designing and Planning Teaching Process-Teacher's Competence and its Evaluation," IATED (2017):1474-1482.

③ 赵芳芳：《幼儿园教师评价的研究综述》，《教育实践与研究》2014年第8期。

④ 温燕：《以幼儿发展评价助推教师专业自主发展》，《学前教育研究》2021年第10期。

⑤ KUDEK MIROŠEVIĆ J., TOT D., JURČEVIĆ LOZANČIĆ A., "Designing an inclusive educational process: Preschool and primary school teachers' self-assessment," Nova prisutnost: časopis za intelektualna i duhovna pitanja 18, no.3(2020):547-559.

等方法。赵宗跃（2004）则对体育专业课教师教学能力综合评价进行了研究，运用模糊数学的多层次综合评价方法，建立了体育专业课教师教学能力的评价模型[1]。Xing（2010）建立了基于信息熵和未确知测度的高校教师能力评价新模型，设计了一个包括三种高校教师能力的评价指标体系：专业素质、人格成熟度和驱动能力，为高校教师能力评价提供了一种可行的方法[2]。吴映瞳（2010）采用模糊多属性决策理论，针对部分问题属性集合具有模糊性的特点，将基于投影的三角模糊数多属性决策方法应用于教学研究型大学教师评价问题[3]。李娟（2013）对"双师型"教师评价指标体系的构建及评价采用了层次分析法和模糊综合评价法[4]。蔡雅萱（2011）认为高校教师教学质量评价在主体上倡导多元化，在评价方法上强调定性评价和定量评价相结合[5]。严东强（2013）创造性地研究了在网络条件下的高校教师评价，从体系结构、权限设计、系统功能、关键要素、指标设计等方面系统地论述了基于网络的高职教师评价系统的构建，以期对高职教师评价有一定的借鉴作用[6]。王斌林（2005）对10种不同的教师评价方法进行简要评析，根据"利益关系人"理论、同斥原理和对教师评价主体的资格分析，形成教师评价方法与评价主体的交叉分析框架，并进一步地对教师评价方法和评价主体的选择展开讨论[7]。值得一提的是，不少研究在教师评价中采用数学的方法。由于教师评价涉及很多因素，并且多数因素都具有不确定性，因此，在对这些评价指标进行评价时往往会用到模糊数学，并运用多级模糊综合评判方法，对教师的素质进行综合评价。

---

① 赵宗跃:《体育专业课教师教学能力综合评价研究》,《南京体育学院学报》(社会科学版)2004年第1期。

② XING G., LI Z., WANG X., et al., "A model for university teaching teacher's competence evaluation based on information entropy and unascertained measure,"(2010 Chinese Control and Decision Conference. IEEE, 2010):438–441.

③ 吴映瞳、、张立杰、于明洁:《基于模糊多属性决策理论的教学研究型大学教师评价研究》,《科技管理研究》2010年第30期。

④ 李娟、肖志雄:《"双师型"教师评价指标体系的构建及评价方法研究》,《职业技术教育》2013年第5期。

⑤ 蔡雅萱、史晓燕:《高校教师教学质量评价研究综述》,《保定学院学报》2011年第2期。

⑥ 严东强、赵军:《基于网络的高职教师评价研究》,《教育与职业》2013年第17期。

⑦ 王斌林:《教师评价方法及其适用主体分析》,《教师教育研究》2005年第1期。

/ 第三节 /

教师胜任力研究

国内对教师胜任力模型的研究相比国外而言起步稍晚，始于20世纪末期，国内的相关研究成果多集中在21世纪初。在教育领域中的胜任力研究最早以教育管理者（校长）为研究对象，随着教师专业化的不断发展，对胜任力的研究逐步向教师胜任力研究方向发展。教师群体胜任力的相关研究根据不同的分类标准可划分为多个不同的类型。根据学科专业领域的不同，教师胜任力的研究对象可划分为教育学类、理工类、医学类、管理类等各学科教师。根据教育阶段的不同，研究对象可划分为高等教育阶段、基础教育阶段和学前教育阶段。根据教师的其他人口学特征和所在的学校类型进行更进一步的探讨和研究，例如性别、岗位（班主任、校长等）、民族、公办民办学校等多种分类。由于教师胜任特征与学校类别、学科领域、岗位职级有着密切联系，因此，在不同的学校、学科、岗位，教师胜任力会有所不同，甚至相同岗位的不同层次所构建的胜任特征都会存在差异。为了研究的方便，在本节中按照教育阶段的不同，将研究对象划分为高校教师胜任力、中小学教师胜任力和幼儿教师胜任力。

总体来看，从CNKI检索的国内教师胜任力相关的研究1718篇文献，其中期刊文献1324篇，学位论文338篇，会议52篇，报纸1篇，成果3篇。从历年发文数量来看，我国教师胜任力研究经历了初始阶段（2003—2008年）、发展阶段（2008—2015年）、稳定阶段（2015至今）。教师胜任力、胜任特征、胜任力模型的研究主题主要围绕三个方面开展。一是不同岗位教师胜任力。此部分研究紧密围绕着教育教学能力、人才培养、人力资源管理等方面展开研究，在医学领域中护理胜任力是研究的热点。二是教师教学胜任力的相关研究。围绕教学胜任力的影响因素、教师专业发展、核心素养、教师培训、问题与对策等方面进行研究，研究对象以高校教师、高职教师、中学教师、幼儿教师及班主任为主。三是教师胜任力评价研究。以课程思政、绩效管理、招聘、评价指标体系等为研究热点，其中以高职院校为重点研究对象。

一、国内教师胜任力研究

（一）高校教师胜任力研究

1.高校教师总体胜任特征研究

高等学校是培养人才及科学研究的高地，其能力和素质的高低直接影响着我国人才培养的质量和水平。高校教师胜任力的研究对于高校提高人才培养质量、开展教师入职招聘、职后培训和日常管理，以及教师提升自身素质都具有重要的意义。

部分研究以整个高校教师为研究对象，对其进行教师胜任特征的研究。王昱（2006）[①]和姚蓉（2008）[②]均得出高校教师胜任特征有7个结构维度，不同的是前者研究更多地从教师能力、态度和个性特征三个方面进行阐释，而后者构建的结构维度相对比较全面，包括了技能、个性、态度、学生几个维度。两位研究者均认为人际沟通能力是教师胜任力的一个重要维度。吴树雄（2009）从管理者角度评价教师，并认为教师胜任力评价可以从准入资格、专业知识、专业技能、专业态度、健康水平5个维度设计评价体系[③]。值得一提的是，其将教师健康水平也放在重要维度上，可能与高校教师高强度的工作有关，提示教师健康问题也是胜任力的重要因素。牛端（2012）采取工作分析和行为事件访谈整合的研究范式构建高校教师胜任特征模型，认为高校教师胜任特征模型包括8项：创新、批判性思维、教学策略、专注、社会服务意识、逻辑分析能力、成就欲、尊重他人[④]。祁艳朝（2013）[⑤]、汤舒俊（2014）[⑥]和李小娟（2017）[⑦]的3项研究均构建出高校教师胜任特征4个维度，其中个人魅力维度和教学水平维度是这3项研究一致的研究结果。高校教师的教学水平维度是外显的，也是作为教师职业所必须具备的基本能力，而个人魅力是潜在的、更深层次的胜任

---

① 王昱、戴良铁、熊科：《高校教师胜任特征的结构维度》，《高教探索》2006年第4期。

② 姚蓉：《高校教师胜任力模型构建初探》，《科技情报开发与经济》2008年第30期。

③ 吴树雄：《高校教师胜任力：评价模型与指标体系》，《中国成人教育》2009年第13期。

④ 牛端、张敏强：《高校教师胜任特征模型的构建与验证》，《心理科学》2012年第5期。

⑤ 祁艳朝、于飞：《高校教师胜任力模型的思考》，《黑龙江高教研究》2013年第9期。

⑥ 汤舒俊：《高校教师胜任力的结构探索与问卷编制》，《高教探索》2014年第6期。

⑦ 李小娟、胡珂华：《基于行为事件法的高校教师胜任力研究》，《湖南师范大学教育科学学报》2017年第16期。

特征，对学生的影响也更深远、更深刻。此外，3项研究中还认为科研能力、学生导向、人际沟通能力也是高校教师胜任力的重要构成部分。高校肩负着人才培养、科学研究、社会服务、文化传承创新、国际交流合作的重要使命。在人才培养过程中就要以学生为导向，教育教学工作的开展应坚持以学生为导向，以学生的发展作为出发点和落脚点。高校还承担着培养科学技术发展所需要的大批科技人才的重要任务，人才培养是高校的根本任务，科学研究与之相互依存与促进。与此同时，在培养人才和科学研究中，教师与学生、教师与团队等人的有效沟通也是胜任力的重要条件。（表2-2）

表2-2 高校教师胜任特征结构

作者	主要研究结论
王昱（2006）	高校教师胜任特征包括以下7个结构维度：创新能力、获取信息的能力、人际理解力、责任心、思维能力、关系建立、成就导向。
姚蓉（2008）	高校教师胜任力包括7个维度和33个指标，7个维度包括个性特征、发展特征、工作态度、教学技能、专业技能、关注学生、人际沟通。
吴树雄（2009）	高校教师胜任力评价应从准入资格、专业知识、专业技能、专业态度、健康水平5个维度设计评价体系。
牛端（2012）	高校教师胜任特征模型包括8项：创新、批判性思维、教学策略、专注、社会服务意识、逻辑分析能力、成就欲、尊重他人。
祁艳朝（2013）	高校教师胜任特征有24个题项，并通过因子分析发现高校教师胜任特征分为个人魅力、教学水平、科研能力和人际沟通等四个方面。
汤舒俊（2014）	高校教师胜任力的理论结构包括人格魅力、学生导向、教学水平和科研能力的四维结构。
李小娟（2017）	高校教师胜任力关键要素指标包括人际理解力、理解和尊重学生、责任心等32个要素，并将高校教师行为特征分为人格魅力、学生导向、教学水平和与时俱进4个区域。

2.高校不同岗位教师胜任特征研究

由于不同层次和类型的高校有不同的任务与作用，普通高等学校与成人高等学校，综合性大学与专科性大学，研究型大学、教学研究型大学与教学型大学，公办高校与民办高校，本科高校与专科高校等在教育目的、学校定位、培养目标、教学目标等方面有着显著区别。不同学科、专业的高校教师或者处在不同专业发展阶段的高校教师，其教师胜任力也不相同。因此，除了以上整体上探讨高校教师胜任力的研究外，高校不同学科教师岗位胜任力是否有差异？不少研究者针对某一学科或某一门课进行了教师胜任力的研究。

在普通高校不同学科教师胜任力研究方面，陈鸿雁（2011）研究得出了高校思想政治理论课教师胜任力模型，该模型由专业知识、专业技能、政治素养、师德特征、个人特质、师生和谐6个结构维度构成[1]。杜景萍（2013）构建了大学英语教师胜任力模型，胜任维度按权重大小排列分别为情感道德特征、教学态度、教学管理能力、学习理解能力、教学动机与爱好、教学技能；胜任力词条按重要性排列，处于前5位的分别为学习能力、责任感、激励学生能力、爱岗敬业、获取信息能力[2]。刘兴凤（2018）将高校工科教师胜任力归纳为四个特征群，即素质、能力、知识和个人特质，并认为决定工科教师胜任力的主成分是素质群和个人特质群，其次是能力群，再次是知识群，胜任力的养成尤其应注重隐性的素质和个人特质两个维度[3]。郭丽莹（2020）基于全国1231所高校12596名创新创业教师样本的实证研究，构建了高校创新创业教师胜任力的指标体系，包含教育教学能力、创新创业能力、实践育人能力、自主发展能力等4个二级指标和相应的39个三级指标[4]。

高职院校教师胜任力研究中，陈斌（2011）研究发现高职院校教师胜任力结构包括能力技能、个性特征和工作态度等二阶三因素模型[5]。方向阳（2011）通过行为事件访谈和问卷调查，构建了包括自我管理、科技素养、教学能力、工作态度、实践能力、职业素养胜任力等六个维度的高职院校专业教师胜任力模型[6]。李保勤（2011）分析了高职院校青年教师胜任力在职培训不同方式的优缺点，并从理论胜任力、技术胜任力、整合胜任力和专业价值观四个维度探讨

---

[1] 陈鸿雁：《高校思想政治理论课教师胜任力研究》，《教育与职业》2011年第2期。

[2] 杜景萍、国林祥：《大学英语教师胜任力模型的构建》，《黑龙江高教研究》2013年第11期。

[3] 刘兴凤、张安富：《高校工科教师胜任力的研究——模型构建与实证分析》，《高等工程教育研究》2018年第1期。

[4] 郭丽莹：《高校创新创业教师胜任力指标体系的实证分析——基于全国12596名教师样本》，《南京师大学报》（社会科学版）2020年第3期。

[5] 陈斌、刘轩：《高等职业院校教师胜任力模型的构建》，《高教发展与评估》2011年第6期。

[6] 方向阳：《高职院校专业教师胜任力模型研究》，《职业技术教育》2011年第25期。

了对青年教师胜任力进行校本培训的方式与途径①。章金萍（2017）在双创教育背景下对职业院校教师胜任力进行研究，认为高职教师胜任力的核心指标可以概括为个性特征、教育理念、知识技能等三个方面②。（表2-3）

表2-3　高校不同岗位教师胜任特征研究

作者	主要研究结论
陈斌（2011）	高职院校教师胜任力结构包括能力技能、个性特征和工作态度等二阶三因素模型。
方向阳（2011）	构建了包括自我管理、科技素养、教学能力、工作态度、实践能力、职业素养胜任力等6个维度的高职院校专业教师胜任力模型。
李保勤（2011）	分析了高职院校青年教师胜任力在职培训不同方式的优缺点，并从理论胜任力、技术胜任力、整合胜任力和专业价值观四个维度探讨了对青年教师胜任力进行校本培训的方式与途径。
陈鸿雁（2011）	高校思想政治理论课教师胜任力模型，模型包括专业知识、专业技能、政治素养、师德特征、个人特质、师生和谐6个结构维度。
杜景萍（2013）	构建大学英语教师胜任力模型，胜任维度按权重大小排列分别为情感道德特征、教学态度、教学管理能力、学习理解能力、教学动机与爱好、教学技能。
章金萍（2017）	高职教师胜任力的核心指标可以概括为个性特征、教育理念、知识技能等三个方面。
刘兴凤（2018）	将高校工科教师胜任力归纳为四个特征群，即素质、能力、知识和个人特质。并认为决定工科教师胜任力的主要成分是素质群和个人特质群，其次是能力群，再次是知识群，胜任力的养成尤其应注重隐性的素质和个人特质两个维度。
郭丽莹（2020）	构建高校创新创业教师胜任力的指标体系，包含教育教学能力、创新创业能力、实践育人能力、自主发展能力等4个二级指标和相应的39个三级指标。

此外，高校或医学专业护理教师胜任力是研究的热点。陈兰（2013）③、刘

---

① 李保勤：《高职院校青年教师胜任力校本培训研究》，《中国成人教育》2011年第4期。
② 章金萍、陈亮：《"互联网+双创"背景下高职教师创业指导胜任力研究》，《现代教育管理》2017年第11期。
③ 陈兰：《基于胜任力理论的临床护理教师评价指标体系初探》，《护理研究》2013年第17期。

雪松（2013）[①]、张娟（2014）和杨巾夏（2015）[②]以临床护理教师为研究对象，初步建立了临床护理教师评价指标体系，为临床护理教师提供工作胜任标准。总体上，研究将临床护理教师胜任特征分为若干一级指标和若干二级指标，在一级指标中，临床知识与技能、教学知识与技能是公认的胜任特征，个人特质、自我认知及动机等胜任特征也是临床护理教师胜任力的构成部分。周春兰（2018）[③]和周蓉（2020）[④]以护理硕士专业学位研究生临床教师胜任力为研究对象，分别总结出该专业教师胜任力指标体系。前者总结出5项一级指标：临床护理能力、科研能力、临床教育能力、护理管理能力、专业发展能力。后者提炼出6个一级指标、19个二级指标和40个三级指标，6个一级指标为专业能力、带教能力、科研能力、管理能力、评判性思维能力和个人基本素质。在诸多胜任力维度上，给定维度重要程度如何？冯婷婷（2020）综述研究表明国内临床护理教师胜任力排名前5位的是临床护理能力、教学能力、个人特质、专业态度以及科研能力；国外临床护理教师胜任力排名前5位的是教学技能、护理技能、促进学生职业发展的能力、沟通能力以及构建良好人际关系的能力[⑤]。（表2-4）

表2-4　临床护理教师胜任力研究

作者	主要研究结论
陈兰（2013）	临床护理教师评价指标体系包括5项一级指标(临床知识与技能、教学知识与技能、自我概念、动机、特质)、43项二级指标。
刘雪松（2013）	临床护理教师的胜任力主要包含业务技能、教学能力、个人特质以及外在魅力4个维度。

① 刘雪松、弓箭、曹秋茹等：《国内外临床护理带教老师胜任力的研究进展》，《中华现代护理杂志》2013年第19期。

② 杨巾夏、陈翠萍、李晓悦：《医院临床护理教师胜任力的现象学研究》，《中华现代护理杂志》2015年第21期。

③ 周春兰、吉雪、吴艳妮等：《基于Delphi法护理硕士专业学位研究生临床教师核心能力研究》，《护理学报》2018年第3期。

④ 周蓉、郭洪花、张彩虹等：《护理硕士专业学位研究生临床指导教师岗位胜任力评价指标体系的构建》，《中华护理教育》2020年第17期。

⑤ 冯婷婷、张欣、谭玲玲、肖丽艳、焦静、刘华平：《临床护理教师胜任力研究的范围综述》，《中华护理教育》2020年第9期。

续表2-4

作者	主要研究结论
张娟 （2014）	临床护理教师胜任力的综合评价指标体系包含6个一级指标（个人素养、职业态度、科研创新能力、胜任水平、个性特征、教学能力）、27个二级指标、38个三级指标。
杨巾夏 （2015）	临床护理教师胜任力的6个主题分别是技能、知识、社会角色、自我认知、人格特质和动机。
周春兰 （2018）	护理硕士专业学位研究生临床教师胜任力框架包括5项一级指标（临床护理能力、科研能力、临床教育能力、护理管理能力、专业发展能力）和17项二级指标。
周蓉 （2020）	护理硕士专业学位研究生临床指导教师岗位胜任力评价指标体系包含6个一级指标、19个二级指标和40个三级指标。6个一级指标为专业能力、带教能力、科研能力、管理能力、评判性思维能力和个人基本素质，其中专业能力、带教能力是基础，管理能力、评判性思维能力和个人基本素质是MNS临床指导教师岗位胜任力的重点。
冯婷婷 （2020）	临床护理教师胜任力排名前5位的是临床护理能力、教学能力、个人特质、专业态度以及科研能力，国外临床护理教师胜任力排名前5位的是教学技能、护理技能、促进学生职业发展的能力、沟通能力以及构建良好人际关系的能力。

此外，除了护理教师构建护理教师胜任力模型外，还有研究对其影响因素进行研究。徐霞（2022）调查发现临床护理教师胜任力处于较高水平，护龄、职务和学习动机是临床护理教师胜任力的影响因素[1]。韩江英（2022）研究发现安徽省临床护理教师岗位胜任力仍有较大的提升空间，工龄、临床教学年限、医院教学氛围、教学培训满足需求和接受临床教学培训意愿均是临床护理教师岗位胜任力的影响因素[2]。

3.高校教师教学胜任力研究

教学质量一直是社会关注的焦点，高校教师教育教学工作是教师的本职工作，也是高校教育教学工作高质量发展的保障。高校教师教育教学能力是教师

---

[1] 徐霞、田晓翠、徐铭等：《临床护理教师胜任力现状及与护生的评价比较》，《护理学杂志》2022年第7期。

[2] 韩江英、张小敏、申小侠等：《临床护理教师岗位胜任力影响因素分析》，《中国职业医学》2022年第2期。

胜任力的重要构成部分，也是衡量教师素养高低的重要指标，不少研究者就教师教学胜任力进行相关研究。

在当前新时代、新环境、新技术变革背景下，为了积极应对新时代的教育教学的要求，高校教学的教学理念、教学模式、教学目标、教学内容、教学方法、教学手段等也要进行变革，力求满足新时代高校教学高质量发展的要求和需求。陆慧（2013）通过研究认为高等学校教师教学胜任力指标包括专业知识、教学技巧、教学态度、人格特质、职业价值观五个方面。科研胜任力指标包括专业知识、研究能力、努力程度、个人目标四个方面[1]。教学模式的改革也是教师教学胜任力的一方面，王晶心（2022）构建了包括专业价值观、知识与技能、创新与学术3个核心维度和10项胜任特征的高校教师混合式教学胜任力模型[2]。郝兆杰（2017）研究认为提高高校教师翻转课堂教学胜任力，革新高校教师教学理念是前提，培养翻转课堂教学设计能力是关键，提高高校教师教学研究能力是保障[3]。姜琳（2021）对高校新入职教师教学胜任力结构模型进行研究，认为教学分析和规范能力是教学胜任力结构的基础，教学设计与表达能力是教学胜任力结构的核心，教学引领与管控能力是教学胜任力结构的保障，教学激发与延伸能力是教学胜任力结构的促进[4]。课程思政是当前不同学科在教学过程中都要贯彻的教学理念和方法，郑秋兰（2022）分析护理教师课程思政教学胜任力现状及其影响因素，认为护理教师课程思政教学胜任力总体处于中等偏上水平，同伴积极性、学生态度、课程思政培训和工作投入总分是影响课程思政教学胜任力的主要因素[5]。

面对信息化、数字时代的到来，教师现代化技术运用能力成为教师胜任力

① 陆慧：《高等学校教师岗位胜任力评价指标体系及胜任力行为特征研究》，《现代教育管理》2013年第7期。

② 王晶心、王胜清、陈文广：《基于TPACK的高校教师混合式教学胜任力模型研究》，《中国远程教育》2022年第8期。

③ 郝兆杰、潘林：《高校教师翻转课堂教学胜任力模型构建研究——兼及"人工智能+"背景下的教学新思考》，《远程教育杂志》2017年第6期。

④ 姜琳：《基于扎根理论的高校新入职教师教学胜任力结构模型研究》，《现代教育科学》2021年第4期。

⑤ 郑秋兰、孔令娜：《本科医学院校护理教师课程思政教学胜任力现状及影响因素分析》，《医学教育研究与实践》2022年第3期。

的重要构成部分。互联网背景下高校教师提升混合式教学胜任力对于提高教师教学水平、促进专业发展具有重要意义。周榕（2012）构建了高校教师远程教学胜任力模型的主体结构，以行为事件访谈为核心方法，以胜任力编码词典为框架，分别完成了远程教学11项通用胜任力及5项岗位序列胜任力的内容设计[1]。赵忠君（2019）构建出智慧学习环境下的高校教师胜任力模型，包含5大维度、15项胜任要素及31个胜任指标。5大维度包括智慧教学理念与动机维度、智慧环境使用与构建维度、教学组织维度、教学评价与反馈维度、教学提升维度[2]。仇晓春（2021）系统梳理了教师数字胜任力研究发展阶段，提炼出技术、教学、伦理和态度四大胜任力[3]。以上3项研究在信息化、数字化背景下，总结提出了高校教师教学胜任特征。为改善高校教师慕课教学能力，颜正恕（2015）构建了包括教学人格、信息素养、晶体能力、教学影响、教学互动和教学管理等6个一级因子和21个二级因子的高校教师慕课教学胜任力模型和评价体系[4]。在后疫情时代，万昆（2021）提出了后疫情时期发展教师在线教学胜任力策略模型，包括意识层、技术层、应用层、治理层的"四维度十策略"，四个层次相互协同融合发展教师在线教学胜任力[5]。（表2-5）

表2-5　高校教师教学胜任力研究

作者	主要研究结论
周榕 （2012）	高校教师远程教学胜任力模型包括11项通用胜任力及5项岗位序列胜任力。
陆慧 （2013）	高等学校教师教学胜任力指标包括专业知识、教学技巧、教学态度、人格特质、职业价值观五个方面。
颜正恕 （2015）	构建了包括教学人格、信息素养、晶体能力、教学影响、教学互动和教学管理等6个一级因子和21个二级因子的高校教师慕课教学胜任力模型和评价体系。

① 周榕：《高校教师远程教学胜任力模型构建的实证研究》，《电化教育研究》2012年第11期。

② 赵忠君、郑晴、张伟伟：《智慧学习环境下高校教师胜任力模型构建的实证研究》，《中国电化教育》2019年第2期。

③ 仇晓春、肖龙海：《教师数字胜任力框架研究述评》，《开放教育研究》2021年第5期。

④ 颜正恕：《高校教师慕课教学胜任力模型构建研究》，《开放教育研究》2015年第6期。

⑤ 万昆、饶宸瑞、饶爱京：《后疫情时期何以发展教师在线教学胜任力》，《电化教育研究》2021年第8期。

作者	主要研究结论
郝兆杰 （2017）	研究认为提高高校教师翻转课堂教学胜任力，革新高校教师教学理念是前提，培养翻转课堂教学设计能力是关键，提高高校教师教学研究能力是保障。
赵忠君 （2019）	构建出智慧学习环境下的高校教师胜任力模型，包含5大维度15项胜任要素及31个胜任指标；5大维度包括智慧教学理念与动机维度、智慧环境使用与构建维度、教学组织维度、教学评价与反馈维度、教学提升维度。
仇晓春 （2021）	教师数字胜任力研究发展阶段，提炼出较有影响力的框架，涉及技术、教学、伦理和态度四大胜任力。
万昆 （2021）	后疫情时期发展教师在线教学胜任力策略模型，包括意识层、技术层、应用层、治理层的"四维度十策略"四个层次相互协同融合发展教师在线教学胜任力。
姜琳 （2021）	高校新入职教师的教学分析和规范能力是教学胜任力结构的基础，教学设计与表达能力是教学胜任力结构的核心，教学引领与管控能力是教学胜任力结构的保障，教学激发与延伸能力是教学胜任力结构的促进。
郑秋兰 （2022）	护理教师课程思政教学胜任力总体处于中等偏上水平，同伴积极性、学生态度、课程思政培训和工作投入总分是影响课程思政教学胜任力的主要因素。
王晶心 （2022）	构建了包括专业价值观、知识与技能、创新与学术3个核心维度和10项胜任特征的高校教师混合式教学胜任力模型。

综上，先前的研究工作者们从不同的角度出发，聚焦不同的专业，对高校教师胜任力进行了相关研究，取得了一系列成果，为本研究提供了思路参考和方法借鉴。但是亦发现其研究存在一些问题。一是高校教师胜任力基础理论研究居多，而实证研究偏少。理论研究为实证研究提供了理论依据和研究基础，实证研究反哺理论研究，为理论研究提供实践依据，两者是相互促进与补充的关系。理论研究成果的信度和效度会因为缺少实证研究而大打折扣，并且一些研究提出的相应的对策也有待进一步证实。因此，在高校教师胜任力的研究中，应当将理论研究与实证研究相结合，尤其要重视实证研究。二是在高校教师胜任特征模型检验方法上存在不足。根据目前查找的文献，对高校教师胜任力模型检验主要采用探索性因素分析或验证性因素分析对模型内部结构进行检验，但是影响高校教师胜任力的因素较多，除了内部因素外，还需要考量外部变量

因素。因此，一方面要寻找更科学的检验方法对构建模型进行检验，另一方面，检验模型时要充分考虑到外部变量对模型的影响，以及模型与这些外部变量的关系，从而构建更加科学、合格的高校教师胜任特征模型。

（二）中小学教师胜任力研究

中小学阶段属于基础教育阶段，尽管此阶段学生身体的发育和心理的发展处于快速发展时期，但是还不完善，需要教师的正确引导。中小学教师能否胜任教师这一职业直接关系学生的健康成长及教师的专业发展，甚至关乎教育质量。因此，不少研究针对中小学教师胜任力展开相关研究，通过查阅并梳理有关文献，中小学教师胜任力的研究主要包括三个方面。一是中小学教师胜任力的调查研究。主要是通过对部分省市中小学教师胜任力进行调研，了解现实状况，分析存在问题及内在原因，或提出相应的解决措施。二是中小学教师胜任特征构建研究。研究人员选用特定的研究方法构建教师若干胜任特征维度与指标体系，或进行建模和检验。以上两部分研究以学位论文居多。三是中小学教师胜任力与其他因素关系研究，诸如与工作绩效、自我效能感、职业幸福感等的关系。

1. 中小学教师胜任力调查研究

中小学教师胜任力调查研究中，一部分研究以某地区的整个高中、初中或小学教师为研究对象。首先通过问卷调查、访谈法等方法收集资料，然后分析教师胜任力的整体状况及不同学校、城乡、性别、教龄、职称、学历、学科、绩效的教师在胜任力方面的差异，并探讨其影响因素，最后提出相关建议。

胡娜（2010）的研究表明，农村中小学教师胜任力整体上处于基本胜任的水平。农村教师胜任力水平低于整体教师水平，尤其是在专业素质、职业偏好以及信息搜集方面明显低于教师整体水平。农村教师绩效优秀者的胜任力高于绩效一般者，胜任力水平与绩效呈正相关。农村教师的教学经验（教龄）对胜任力的影响非常显著，而所在学校、学历、性别对胜任力水平的影响不显著。从农村教师的生存状况、教师培训、教师信息化教育、基于胜任力的考评体系及教师工作环境等方面提出了一些提高农村教师胜任力的建议[①]。黄伟（2015）对乡镇初中教师胜任力进行了研究，调查发现某镇初中教师的胜任力水平总体

---

① 胡娜：《农村中小学教师胜任力现状调查与对策分析》，硕士学位论文，西南大学，2010。

趋于基本符合的标准，其结果与学校的发展抉择、教师的职业道德和年龄息息相关。不同性别、教龄、职称、学历、学科、绩效的教师在胜任力方面都存在差异[1]。何齐宗（2018）通过对江西省13721位小学教师的调查发现，小学教师教学胜任力总体上处于良好水平。不同年龄、不同教龄、不同职称、不同学历、不同专业出身、任教不同课程与学校的教师教学胜任力表现存在差异。影响小学教师教学胜任力的因素主要有教研活动、教师培训、文献阅读、教学借鉴、教学研究和教学压力[2]。冯振艳（2021）以山东省Q市与P县四所普通高中学校教师为调查对象，采用问卷调查法和半结构化访谈。研究发现，高中教师胜任力的整体状况表现一般，不同性别、学校性质的高中教师胜任力无显著性差异，不同年龄、任教年级、教龄、职称、获奖情况的高中教师胜任力则具有显著性差异。并分析目前在胜任力方面存在的问题及建议[3]。这些研究为摸清我国城市、农村不同层次高中、初中、小学教师胜任力现状提供了一手资料和宝贵经验，同时也针对性地提出了相关策略。

在中小学教师胜任力调查研究中，另一部分研究以中小学的某一学科教师为研究对象调查其胜任力状况，更加具体地探讨了不同学科教师的胜任力的基本情况、存在问题及对策。由于中小学阶段属于基础教育阶段，学科种类和门类较多，所以该部分研究成果数量也相对较多，且以硕士学位论文为主。例如语文教师方面的研究者有涂恬（2019）[4]、常枭妹（2020）[5]，数学教师方面的研究者有罗欢（2021）[6]，英语教师方面的研究者有朱云霞（2015）[7]，化学教

---

① 黄伟：《初中教师胜任力的研究》，硕士学位论文，河北大学，2015。

② 何齐宗、龙润：《小学教师教学胜任力的调查与思考》，《课程·教材·教法》2018年第7期。

③ 冯振艳：《高中教师胜任力现状调查及提升策略研究》，硕士学位论文，曲阜师范大学，2021。

④ 涂恬：《小学语文教师教学胜任力实证研究》，硕士学位论文，江西师范大学，2019。

⑤ 常枭妹：《西藏中学语文教师教学胜任力调查研究》，硕士学位论文，西藏大学，2020。

⑥ 罗欢：《县域小学数学教师胜任力现状与提升策略研究》，硕士学位论文，江西师范大学，2021。

⑦ 朱云霞：《甘肃农村地区中学英语教师胜任力现状调查研究》，《西北成人教育学院学报》2015年第2期。

师方面的研究者有胡佳妮（2011）①，地理教师方面的研究者有张艳（2020）②，思想政治教师方面的研究者有江伟（2018）③，体育教师方面的研究者有何中奇（2015）④、曲静（2016）⑤，心理教师方面的研究者有邓林园（2015）⑥，音乐教师方面的研究者有吴春薇（2019）⑦，信息技术方面的研究者有张瑾（2015）⑧、田婷婷（2021）⑨等。

　　此部分研究在研究方法应用上，多数以问卷调查法和访谈法为主，通过自编问卷或采用徐建平博士编制的《教师胜任力测验》量表进行调查。在研究内容上，通过调研模型收集不同学科教师胜任力的总体情况，并打分进行评价，多数研究认为学科教师胜任力的总体处于合格水平或较好，但不同学科和不同地区的教师总体胜任力评价有细微差异。还通过对比的方法分析了城乡、性别、年龄、学历、教龄、年级、绩效、职称、编制差异。总体结论显示，城市学科教师胜任力显著优于乡村教师，多数研究认为性别上不存在差异。在年龄、学历、教龄、职称、绩效方面与胜任力得分成正比，随着年龄和教龄的增加，其教学胜任力水平增加。职称和学历越高，胜任力水平也越高。有编制的教师胜任力水平显著优于编外教师胜任力。高绩效教师胜任力显著优于普通绩效教师。不同年级教师胜任力差异不显著。通过调研还发现中小学学科教师胜任力存在的问题，例如教师队伍存在性别比失衡、老龄化态势凸显、高级职称占比较低、教师工作量大等，这些问题在农村教师中更为严重。在教育教学上，存在教学思维程式化、教学方法手段单一、教学反思和教研能力不足、学科实践能力较

　　① 胡佳妮：《中学化学教师胜任力的调查与反思》，硕士学位论文，陕西师范大学，2011年。

　　② 张艳：《中学地理教师教学胜任力现状分析及应对策略研究》，硕士学位论文，江西师范大学，2020年。

　　③ 江伟：《中学思想政治教师胜任力调查研究》，硕士学位论文，广西师范大学，2018年。

　　④ 何中奇：《贵阳市云岩区重点中学体育教师胜任力调查研究》，硕士学位论文，贵州师范大学，2015。

　　⑤ 曲静、陈祖学：《贵州民族地区中学体育教师胜任力现状分析》，《曲阜师范大学学报》（自然科学版）2016年第2期。

　　⑥ 邓林园、王美璇：《中学心理教师胜任力探索：对资深心理教师的访谈》，《教师教育研究》2015年第3期。

　　⑦ 吴春薇：《初中音乐教师胜任力研究》，硕士学位论文，东北师范大学，2019。

　　⑧ 张瑾：《中学信息技术教师胜任力提升策略研究》，硕士学位论文，苏州大学，2015。

　　⑨ 田婷婷：《银川市中学STEAM教师胜任力现状调查研究》，硕士学位论文，宁夏大学，2021。

弱、现代信息技术应用能力不够等问题。此外，还存在薪资待遇偏低、学科边缘化严重、专业认同感不足等。不少研究针对这些问题，提出了提高学科教师胜任力的针对性建议，如优化教师结构、改善教师待遇、健全教师在职培训、加快教育信息化进程、完善定向师范生培养体系、创造交流学习机会、合理安排教师教学任务、提升教师教研水平、减轻教师心理压力等对策。

2.中小学教师胜任特征研究

通过对现有文献查阅发现，以中小学教师胜任特征为研究方向的研究包括两个方面。一是以整个中小学教师、中学教师或小学教师为研究对象，从总体上总结该部分教师总体胜任特征。二是以中小学学科教师为研究对象，研究某一学科教师胜任特征。虽然都是研究教师胜任力，但由于学科性质的差异，得到的胜任特征也不尽相同。

在以整个中小学教师为研究对象的胜任特征研究中，研究中学教师胜任特征的研究成果较多，其次是研究中小学教师胜任特征，而对于小学教师胜任特征的研究最少。仅有朱晓颖（2010）研究小学教师的胜任特征，认为包含教育能力、态度、心理特质和动机四个维度[①]。可见小学教师胜任特征的研究还有待进一步加强。在研究方法上，行为事件访谈法（BEI）和问卷调查法是胜任特征建模中公认的较为成熟的方法，这两种方法也是构建教师胜任特征模型常用的方法，调研的文献中均用到了这两种方法。在研究结论上，教育能力、职业态度、个人特质、动机、关系这5个维度是这11项研究中常见的中小学教师胜任特征，在每个维度下又包含若干更为具体的胜任特征。例如，教育能力包括教育观念、教学技能、教学策略知识和班级管理能力等，个性特征包括宽容理解、耐心细心、热情、自信等，师生关系包括全面了解学生、关爱学生、批评学生和沟通能力等，动机维度包含成就动机与工作满意度等。

在以整个中小学教师胜任特征为对象的3项研究中，李英武（2005）通过对全国11个省区市的1019名中小学教师的胜任力进行探索和研究，最后形成了包括动机与调节、管理胜任力、教学胜任力、情感道德特征4个维度的胜任力模型[②]。徐建平（2006）构建的中小学教师胜任特征模型包括11项鉴别性胜任

① 朱晓颖:《小学教师胜任力的调查研究》,《教学与管理》2010年第15期。

② 李英武、李凤英、张雪红:《中小学教师胜任特征的结构维度》,《首都师范大学学报》(社会科学版)2005年第4期。

特征和11项基准性胜任特征，聚类分析后总结为服务特征、自我特征、成就特征、认知特征、管理特征、个人特质6大特征群[1]。王强（2012）推翻了将胜任力特征绝对二分的"冰山模型"，构建了九项胜任力分工协作的"雨伞模型"[2]，这是对胜任力理论研究的一个重要突破。

在以中学教师胜任特征为对象的7项研究中，2010年罗小兰构建出了包括关系特征、成就动机、长远规划、外界支持、认知特征、教学智能、人格特征、管理能力、情绪特性9个胜任力特征因素群的中学教师胜任力模型，这一模型具体涉及了28项胜任力特征，其中13项为教师核心胜任力特征，15项为教师基本胜任力特征[3]。2016年江雪琴以创新人才培养为导向，发现中学教师胜任力模型由教育智能、师德素养、个性品质、团队协作能力、创新素养5大核心因素构成[4]。马文静（2016）认为情绪智力视角下的中学教师胜任力特征模型包括6个特征群28个胜任力特征。6个特征群分别是人格特质、关系特征、成就特征、认知特征、情绪特征、管理特征[5]。黄莉君（2019）认为中学教师胜任力模型包括内在胜任力和外在胜任力两个维度，整体含有个性特征、职业道德、成就动机、情绪管理，人际互动、管理能力、教学智能、外界支持8个胜任力特征因素群[6]。吕建华（2011）得到中学教师胜任素质的4个构成维度分别为个性特征、职业态度、构建师生关系和教学管理[7]。孙远路（2011）从社会型价值观、经济型价值观、成就动机、责任心、职业兴趣、知识基础、创造力和情绪运用能力等8个方面，探索了西南民族地区中学教师工作胜任力的总体状况和特点[8]。刘立明（2009）建构上海高中教师胜任力模型，包括10个维度和78个

---

① 徐建平、张厚粲：《中小学教师胜任力模型：一项行为事件访谈研究》，《教育研究》2006年第1期。

② 王强：《我国K-12教师胜任力深层结构实证研究》，《教育研究》2012年第10期。

③ 罗小兰：《中学教师胜任力模型探究》，《教育理论与实践》2010年第34期。

④ 江雪琴：《以创新人才培养为导向的中学教师胜任力研究》，硕士学位论文，江西师范大学，2016。

⑤ 马文静：《情绪智力视角下的中学教师胜任力特征模型》，硕士学位论文，济南大学，2016。

⑥ 黄莉君、张磊：《中学教师胜任力模型建构与应用研究》，《教师教育论坛》2019年第10期。

⑦ 吕建华：《中学教师胜任素质模型构建与测评》，硕士学位论文，东北师范大学，2011。

⑧ 孙远路：《西南民族地区中学教师工作胜任力主要构成因素研究》，硕士学位论文，西南大学，2011。

评价指标的上海高中教师胜任力模型及其定量化评价体系①。（表2-6）

表2-6　中小学教师整体胜任特征研究

作者	研究方法或对象	主要研究结论
李英武（2005）	对11个省区市1019名中小学教师进行研究	最后形成了包括动机与调节、管理胜任力、教学胜任力、情感道德特征在内的4个维度的胜任力模型。
徐建平（2006）	运用行为事件访谈技术访谈31名中小学教师	构建了中小学教师胜任力模型，包括11项鉴别性胜任特征和11项基准性胜任特征，经聚类分析这些特征可分为服务特征、自我特征、成就特征、认知特征、管理特征、个人特质6大胜任特征群。
刘立明（2009）	采用调查问卷与访谈相结合对上海高中教师进行研究	建构了上海高中教师胜任力模型，包括10个维度和78个评价指标的上海高中教师胜任力模型及其定量化评价体系。
罗小兰（2010）	采用问卷调查法和行为事件访谈对28名中学教师进行研究	构建了中学教师胜任力模型，包括关系特征、成就动机、长远规划、外界支持、认知特征、教学智能、人格特征、管理能力、情绪特性9个胜任力特征因素群，涉及28项具体胜任力特征，其中13项为教师核心胜任力特征，15项为教师基本胜任力特征。
朱晓颖（2010）	运用问卷调查法对南昌市25所小学500名教师进行研究	认为小学教师的胜任力包含教育能力、态度、心理特质和动机4个维度。
孙远路（2011）	西南民族地区中学教师	从社会型价值观、经济型价值观、成就动机、责任心、职业兴趣、知识基础、创造力和情绪运用能力等8个方面探索了西南民族地区中学教师工作胜任力的总体状况和特点。
吕建华（2011）	运用行为事件访谈法对20名中学教师进行了访谈	得到中学教师胜任素质的4个构成维度分别为个性特征、职业态度、构建师生关系和教学管理。

---

① 刘立明：《上海高中教师胜任力模型的初步构建》，《上海师范大学学报》（基础教育版）2009年第5期。

续表2-6

作者	研究方法或对象	主要研究结论
王强 （2012）	对32位中小学教师行为事件访谈，对五省市的360名中小学及幼儿教师调研	推翻了将胜任力特征绝对二分的冰山模型，构建了九项胜任力分工协作的"雨伞模型"，包括学科体系的熟练掌握度、专业承诺与组织融入度、学生心理的理解与引导力、多种评价手段的灵活掌握度、多种教学环境营造与调控力、课程深度开发与实施度、教育技术与教学的整合度、学科融为学生实践理解的促进力。
江雪琴 （2016）	以江西部分中学教师为对象，采用行为事件访谈法、问卷调查法、因素分析等方法	以创新人才培养为导向的中学教师胜任力模型由5大核心因素构成，即教育智能、师德素养、个性品质、团队协作能力、创新素养，其中包含24个胜任力项目。
马文静 （2016）	以山东中学教师为被试，采用开放式问卷、关键事件访谈法。	情绪智力视角下的中学教师胜任力特征模型包括6个特征群28个胜任力特征。6个特征群分别是人格特质、关系特征、成就特征、认知特征、情绪特征、管理特征。
黄莉君 （2019）	文献资料法。	中学教师胜任力模型包括内在胜任力和外在胜任力2个维度，内在胜任力包括个性特征、职业道德、成就动机和情绪管理4个要素，外在胜任力包括人际互动、管理能力、教学智能、外界支持4个要素。

　　另一部分研究以中小学某一学科教师为研究对象，总结提炼学科教师胜任特征。学科教师胜任特征模型能帮助广大学科教师强化基本技能，提升教学能力，认识职业特点，培养成就动机，提高综合素养，增强创新意识。不同学科教师的胜任特征既有共同点，也有差异，曾玲娟（2007）通过研究发现，中小学心理健康教育教师胜任特征可以概括为职业理念与专业意识、职业人格特质、专业知识与技能等[①]。也有研究将中学心理教师的核心胜任力特征概括为3个方面：自身素质（亲和力、个人品质、思想、创新能力）、工作态度（上进心、包容度、责任心、踏实）和工作技能（专业技能：经验、专业知识；发展

---

　　① 曾玲娟：《学校心理健康教育教师胜任力培养初探》，《心理科学》2007年第4期。

技能：组织协调能力、人际沟通能力）[1]。韦洪涛（2012）提出初中理科教师的25项基准性胜任特征和15项鉴别性胜任特征，构建了包含工作技能、个性特征、职业态度和自我意识四个特征群的中学理科教师胜任力模型[2]。还有研究构建了中学理科教师胜任力的理论模型，包括教学实践能力、育人能力、教师专业伦理、科学观念与思维4项核心要素[3]。张长城（2011）构建了中学体育教师胜任力模型，该模型包括20项高绩效中学体育教师的胜任特征和15项共有的胜任特征。中学体育教师胜任力包括科研创新能力、信息收集与学习能力、教学与组织能力、专业知识和个性特征这5个因素[4]。崔静（2016）对106名西宁市在职高中化学教师的胜任力现状进行调查，构建了高中化学教师胜任力模型，分为个性要素类、必备知识类和工作综合能力类3个一级维度和29个二级维度[5]。邓祺佳（2020）认为初中思政课教师胜任力涉及政治素养、专业知识、教育教学技能、创新创造思维[6]。

从以上研究中，可以看出中小学学科教师胜任特征多数研究都涉及专业知识、教学能力、个性特征、职业态度这4个维度，每个维度下又包括具体的胜任特征。不少研究还将学科教师胜任特征又具体分为基本性特征（或共有特征）和鉴别性特征。基准性胜任特征是作为教师职业所必须具备的，而鉴别性特征是区别于其他学科教师的显著特征。这样的划分与归类能让我们更加清晰明了地了解学科教师所具备的特征。

3.中小学教师胜任与其他因素关系研究

对教师胜任力和职业幸福感、工作绩效等关系的探讨，是我国当前教育心理学和管理学研究的热点。这既是教师专业发展的需要，让教师更加客观全面

① 邓林园、王美璇：《中学心理教师胜任力探索：对资深心理教师的访谈》，《教师教育研究》2015年第3期。

② 韦洪涛、王倩：《基于胜任力模型的初中理科教师专业发展探究》，《苏州科技学院学报》（社会科学版）2012年第4期。

③ 叶剑强、米帅帅、毕华林：《新时代理科教师胜任力模型构建与内涵解析》，《教师教育研究》2022年第1期。

④ 张长城：《中学体育教师胜任力模型构建与实证研究》，硕士学位论文，福建师范大学，2011。

⑤ 崔静：《西宁市高中化学教师胜任力研究》，硕士学位论文，青海师范大学，2016。

⑥ 邓祺佳：《初中思政课教师胜任力问题研究》，硕士学位论文，湖南大学，2020。

地了解自我、评价自我，了解自身长处和短处，从而不断提高自身的胜任能力；同时，也体现了对处于教育改革期教师职业生存困境的人文关怀。在对中小学教师胜任力和职业幸福感关系研究中，罗小兰（2019）认为教师胜任力、教师职业幸福感和教师个人教学效能感及其各维度之间存在着显著的正相关关系，教师胜任力可以正向预测个人教学效能感，教师胜任力和个人教学效能感均能正向预测职业幸福感。教师个人教学效能感中和了教师胜任力与职业幸福感之间的关系。教师个人教学效能感在教师胜任力与职业幸福感之间起部分中介作用[1]。赵姗（2011）研究认为教师幸福感与教师胜任力、教学效能感存在显著正相关关系。教学效能感在教师胜任力和教师幸福感间起着部分中介作用。胜任力和教学效能感是影响高中教师幸福感的重要因素[2]。张志恒（2017）认为中学教师胜任力与教学效能感关系中，整体、熟手型、专家型中学体育教师胜任力与教学效能感呈显著的正相关关系，而新手型中学体育教师胜任力与教学效能感呈显著负相关关系[3]。张懿（2019）研究认为广州市小学体育教师胜任力与工作满意度之间存在显著的相关关系，小学体育教师胜任力能够有效预测工作满意度，并随胜任力的增加而增加[4]。从以上研究看出，教师胜任力与职业幸福感、教学效能感呈正向关系，教师胜任力和教学效能感均能正向预测职业幸福感。也就是说，教师胜任力水平越高，教师的职业幸福感和教学效能感越强。教师胜任力和教学效能感是影响教师幸福感的重要因素。因此，从提高教师胜任力水平和效能感中提升教师职业幸福感，是促进教师专业成长，提升教师幸福水平的有效途径。

在教师胜任力与工作绩效关系研究中，罗小兰（2015）研究认为胜任力与工作投入存在显著的正向相关关系，胜任力在中学教师心理健康与工作投入之

---

① 罗小兰、韩娟：《中学教师胜任力与职业幸福感关系的实证研究——以个人教学效能感为中介》，《教育理论与实践》2019年第20期。

② 赵姗：《高中教师胜任力、教学效能感与幸福感的关系研究》，硕士学位论文，南昌大学，2011。

③ 张志恒：《天津市中学体育教师胜任力与教学效能感的关系研究》，硕士学位论文，天津体育学院，2017。

④ 张懿：《广州市小学体育教师胜任力与工作满意度关系研究》，硕士学位论文，广州体育学院，2019。

间的中介效应显著①。徐剑伟（2017）认为工作胜任力的各维度同工作绩效的各维度之间均存在显著的正相关关系。工作胜任力能够非常显著地预测任务绩效、关系绩效、总体绩效以及自我评价②。姚玲（2017）研究发现中学教师胜任力模型中的职业道德和人格特质对关联绩效的人际促进和工作奉献两个因子均有显著的预测作用，但是人际互动和应变能力对关联绩效的人际促进和工作奉献均无显著预测作用③。总体来看，教师工作胜任力与工作绩效之间存在显著的正相关关系，即教师工作胜任力越强，工作绩效也越高。

（三）幼儿教师胜任力研究

幼儿教师肩负着我国幼儿教育发展的重大使命，对促进幼儿的终身成长、健康发展尤为关键。幼儿教师胜任力是指在幼儿教育教学工作中，幼儿教师能够出色或者高效地完成本职工作任务的个体潜在特征，主要包括能力、自我认知、动机以及相关的人格特点等个人特征④。通过调研与梳理国内现有关于幼儿教师胜任力的文献，可以归类为3个方面的研究，一是幼儿教师胜任力调查研究，二是幼儿教师胜任特征研究，三是幼儿教师单一胜任力研究。

1.幼儿教师胜任力调查研究

在幼儿教师胜任力的调查研究中，多数研究采用问卷调查法、文献分析法和访谈法，对部分城市幼儿教师和农村幼儿教师、公立幼儿园和私立幼儿园教师胜任力进行调研。一些研究采用幼儿教师胜任力量表进行调查，如谢华（2019）⑤、韩蓉（2021）⑥等，有些研究通过自制幼儿教师胜任力问卷进行调

---

① 罗小兰：《中学教师心理健康、胜任力与工作投入关系的实证研究》，《教育理论与实践》2015年第25期。

② 徐剑伟：《福州市初中体育教师的胜任力、工作绩效及其关系研究》，硕士学位论文，福建师范大学，2017。

③ 姚玲、代立鹏、谢秋洁等：《中学教师胜任力模型对关联绩效的预测作用——以兰州市中学为例》，《集美大学学报》（教育科学版）2017年第18期。

④ 董圣鸿、胡小燕、余琳燕等：《幼儿教师胜任力研究：基于BEI技术的模型构建》，《心理学探新》2016年第5期。

⑤ 谢华：《幼儿教师胜任力现状、影响因素及对策研究——以四川省部分地区为例》，《现代中小学教育》2019年第1期。

⑥ 韩蓉：《幼儿园教师胜任力的现状调查研究》，硕士学位论文，吉林外国语大学，2021。

查，如杨璞玉（2020）[①]、张翠云（2020）[②]、鲁鸣（2021）[③]等。（表2-7）

教师胜任力现状调查内容包括幼儿教师胜任力得分及各维度发展水平，并从教师性别、园所性质、学历、年龄、职称、专业对口、有无子女、收入水平、职业认同感等方面对比胜任力特质研究其是否存在差异性。研究结果表明，幼儿教师整体胜任力水平得分在中等或中等以上，在不同维度上，胜任力的发展呈现出不均衡的特点。不同区域的幼儿教师总体胜任力水平存在显著性差异[④]，多数情况下城市幼儿教师胜任力优于农村幼儿教师胜任力，公立幼儿园教师胜任力优于私立幼儿园[⑤]。幼儿教师胜任力在年龄变量、学历变量、职称变量、专业对口与否、园所性质、园所区域、有无子女变量上均存在差异显著，但在性别变量上不存在显著差异[⑥]。还有些研究对当前教师胜任力存在的问题进行了分析，并提出了幼儿园教师胜任力的提升策略。此外，还有研究发现幼儿园教师的教育胜任力水平处于中等水平，不同资历幼儿教师的能力水平总体呈上升趋势；不同层次的幼儿园教师学术能力实质上呈现倒"V"发展趋势。也就是说，受过高等教育学前专业教师的教育能力高于中等教育和非学前专业的本科教师[⑦]。

还有研究从制度机制、幼儿园、幼儿教师等不同角度阐述提升幼儿教师胜任力的对应策略。如在制度机制建设中，需要保障幼儿教师待遇，引导正确社会舆论，增强教师职业认同感。对于园所来说，可以从改善教育教学模式、提高教师知识素养、提升教师学历、优化培养培训模式、营造良好环境等方面着手，为促进教师专业发展服务。此外，幼儿教师自身还要提升自主发展意识，提高自我效能感，克服职业倦怠。

---

① 杨璞玉：《幼儿园新手型教师胜任力调查研究》，硕士学位论文，江苏大学，2020。

② 张翠云：《民办幼儿园教师胜任力现状与提升策略研究——以广州市为例》，《广州广播电视大学学报》2020年第2期。

③ 鲁鸣、刘春玲、辛伟豪：《幼儿园教师融合教育胜任力现状调查》，《中国特殊教育》2021年第10期。

④ 颜廷丽、叶晓婷：《农村幼儿教师胜任力现状与对策研究》，《报刊荟萃》2018年第10期。

⑤ 杨雅清：《河北环京区域公立幼儿园教师胜任力现状调查》，《教育实践与研究》2019年第10期。

⑥ 陈端：《天津市幼儿园教师胜任力现状调查研究》，硕士学位论文，天津师范大学，2020。

⑦ LI F., ZHANG M., "Based on computer technology of educational competency research for preschool teachers"（IEEE: 2016 11th International Conference on Computer Science & Education, 2016）:704-707.

表2-7　我国幼儿教师胜任力调查研究

作者	调查对象	主要结论
颜廷丽（2018）	我国农村幼儿教师	当前我国农村幼儿教师普遍存在胜任力不高,农村幼儿教师职业倦怠现象明显,综合素养较低。
杨雅清（2019）	河北5个地级市15个区县公立幼儿园教师	城市公立幼儿园教师一般问题解决能力、预判能力、沟通能力等8个维度得分高于乡镇中心幼儿园,而在组织管理能力、团结合作能力、反思能力等7个维度上得分低于乡镇中心幼儿园。
谢华（2019）	成都、乐山、自贡市的212名幼儿园教师	四川省幼儿教师的整体胜任力处于中等水平,不同学历的幼儿教师在关注学生、职业素养、建立关系、职业偏好、理解他人等胜任力特质上存在显著性差异。不同区域的幼儿教师总体胜任力水平存在显著性差异。胜任力水平随着年龄的增长有上升的趋势。
杨璞玉（2020）	江苏省283名幼儿园新手型教师胜任力	幼儿园新手型教师胜任力包括5个维度:专业知识、操作与沟通能力、组织能力、师德理念、学习意识。其中组织能力与学习意识维度胜任水平最好,师德理念维度胜任次之,操作与沟通能力及专业知识维度相对较弱,主要因为基本技能与保育知识得分较低。
陈端（2020）	天津市A区与B区317名幼儿园教师	总体上天津市幼儿园教师的胜任力处于中等以上水平,但在科研与引领能力方面较低。不同类型的幼儿园教师胜任力的差异显著。幼儿教师在年龄变量、学历变量、职称变量、专业对口与否、园所性质、园所区域、有无子女变量上均存在差异显著。
张翠云（2020）	广州市六区285名民办幼儿园教师	教师胜任力总体水平良好,但自我效能感和成就动机薄弱。幼儿教师胜任力总分及各维度因学历、教龄、收入水平及职业认同感等不同而存在显著差异。
韩蓉（2021）	C市N区218名在职幼儿园教师	幼儿园教师胜任力总体处于中等偏上水平。幼儿园教师胜任力在不同维度的发展水平并不均衡,得分从高到低依次为教育观念、教学反思、家园共育、教学策略、教师合作。幼儿园教师胜任力水平在性别变量上不存在显著差异,在教龄、年龄、学历、专业、不同办园类型变量上差异显著。
鲁鸣（2021）	J省、直辖市B市和S市129所幼儿园1476名幼儿园教师	幼儿园教师融合教育胜任力处于中等偏上水平,各维度发展不均衡,并在教龄、融合教育工作经历时长和累计接受培训时长上存在显著差异。

2.幼儿教师胜任特征模型构建研究

在国内，幼儿教师胜任力特征模型构建研究方法中，主要采用行为事件访谈法和问卷调查法。在行为事件法访谈法中，回忆过去一年中认为最成功的、值得骄傲的三件事，或认为最遗憾、最失败的三件事，通过整理、编码访谈资料并进行分析，随之提取和筛选研究的岗位或人群所需要的胜任特征。还有些研究通过问卷调查量表或自编问卷来调查总结幼儿教师胜任力特征，但自编问卷要进行一定的信效度检验，检验合格后才能使用。

对于幼儿教师胜任力特征模型的构建研究可总结为两条路径。一条是从整体上总结教师胜任力特征，如秦旭芳（2007）[1]、朱晓颖（2007）[2]、张英娥（2008）[3]、秦旭芳（2008）[4]、汤舒俊和徐红（2015）[5]、翟西宝和张贞齐（2015）[6]、陈希（2015）[7]、栗庆阳（2022）[8]等。包括不同维度下的胜任力及每一维度下的若干胜任特征，如4维度的（品德、知识、健康和能力胜任特征）、6维度的（科研与引领、教育教学、自我监控、人格特质、工作品质、学习能力）。另一条路径是构建的模型包括基准性胜任特征和鉴别性胜任特征两个方面，如王强、宋淑青（2008）[9]、陈娟（2009）[10]、董圣鸿（2016）[11]、李亚丽（2020）[12]等。基准性胜任特征是指个人特质，而鉴别性胜任特征是区分优秀教师和一般教师的胜任特征。（表2-8）

---

① 秦旭芳、高丙成：《幼儿教师胜任特征结构探析》，《沈阳师范大学学报》（社会科学版）2007年第2期。

② 朱晓颖：《幼儿教师胜任力问卷的编制及初步运用》，硕士学位论文，江西师范大学，2007。

③ 张英娥：《幼儿教师胜任力模型及胜任力现状研究》，硕士学位论文，福建师范大学，2008。

④ 秦旭芳、高丙成：《幼儿教师胜任力的特点与类型》，《学前教育研究》2008年第9期。

⑤ 汤舒俊、徐红：《幼儿教师胜任力模型研究》，《教师教育论坛》2015年第2期。

⑥ 翟西宝、张贞齐：《幼儿教师胜任力特征探析》，《人力资源管理》2015年第10期。

⑦ 陈希：《家园合作中教师沟通胜任力研究》，硕士学位论文，西南大学，2015。

⑧ 栗庆阳、刘彦婷、孙远刚：《幼儿教师胜任特征模型研究》，《辽宁师范大学学报》（社会科学版）2022年第1期。

⑨ 王强、宋淑青：《幼儿教师胜任力模型之构建》，《上海教育科研》2008年第4期。

⑩ 陈娟：《幼儿教师胜任特征模型的建构》，硕士学位论文，西南大学，2009。

⑪ 董圣鸿、胡小燕、余琳燕等：《幼儿教师胜任力研究：基于BEI技术的模型构建》，《心理学探新》2016年第5期。

⑫ 李亚丽：《农村幼儿教师胜任特征研究》，硕士学位论文，宁波大学，2020。

表2-8　幼儿教师胜任力特征模型研究

作者	研究方法	幼儿教师胜任力特征模型
秦旭芳 （2007）	文献资料法	幼儿教师胜任力由品德胜任特征、知识胜任特征、健康胜任特征和能力胜任特征4个特征维度组成。
朱晓颖 （2007）	开放式问卷调查和对30名一线教师访谈	构建了包括4个维度12项胜任特征的胜任力模型。对被评价幼儿教师进行差异分析的结果显示，教龄、学历程度和所在幼儿园的类型是影响幼儿教师胜任力水平的因素。
张英娥 （2008）	行为事件访谈法和开放式问卷调查法	幼儿教师胜任力模型由科研与引领能力、教育教学能力、自我监控能力、人格特质、工作品质、学习能力6个维度构成。
王强 宋淑青 （2008）	对山西和上海两地的30位幼儿教师行为事件访谈	得到8项鉴别性胜任力特征，8项基准性胜任力特征。
秦旭芳 （2008）	对辽宁省372名幼儿教师采用自编问卷	幼儿教师胜任力可以分为综合发展型、平稳均衡型和知能整合型3种类型。幼儿教师胜任力总体状况良好，不同教龄和学历的幼儿教师胜任力有所差异。
陈娟 （2009）	采用行为事件访谈法访谈成都市14位公立幼儿园教师	提取出11项鉴别性胜任特征和8项合格性胜任特征。
汤舒俊 徐红 （2015）	对高绩效幼儿教师进行半结构化访谈	4维度胜任力模型包括人格魅力、育人导向、专业素养以及职业承诺。
翟西宝 张贞齐 （2015）	问卷调查法	构建出五大维度的幼儿教师胜任力模型，其中包括8项核心特征和17项一般特征。
陈希 （2015）	采用行为事件访谈法对14位来自不同幼儿园的教师进行访谈	专业知识(ZS)、交互管理(JG)、词语表达(BD)、建设反馈(FK)、倾听(QT)、移情(YQ)、主动(ZD)、责任心(ZR)、自信(ZX)、认同度(RT)这10项胜任特征是区分绩效优秀组与普通组教师的胜任特征。
董圣鸿 （2016）	行为事件访谈，访谈32名幼儿教师	模型包括基准性胜任特征和鉴别性胜任特征。基准性胜任特征包括9项子特征，鉴别性胜任特征包括沟通与交往、专业知识与技能、自我意象、追求卓越、成就能力等五个维度共34项子特征。

续表2-8

作者	研究方法	幼儿教师胜任力特征模型
李亚丽 （2020）	运用文献分析和问卷法，对10名农村幼儿教师进行行为事件访谈	农村幼儿教师的基准胜任特征包括责任感、尊重他人、奉献精神、吃苦耐劳、亲和力、热情、适应能力、正直诚实、爱心、童心，鉴别胜任特征包括专业知识、沟通技巧、儿童观念、班级管理能力、职业满意度、灵活性、事业心、专业技能。
栗庆阳 （2022）	运用行为事件访谈20名幼儿教师，向100名幼儿教师发放开放式问卷	幼儿教师胜任特征模型包括5个因子：专业知识、人际交流、成就感、组织管理和责任心。《幼儿教师胜任特征自评问卷》信度、效度良好，可以作为测量幼儿教师胜任特征水平的有效工具。

3. 幼儿教师某一胜任特征研究

在幼儿教师胜任力特征研究中，多数研究对幼儿教师通用胜任力的研究，取得了丰硕的成果，为幼儿教师胜任力通用模型的建立提供了支撑。但是，幼儿教师不同于其他教师，幼儿教育的特殊性和启蒙性使得上述教师胜任力的研究结果无法直接应用于幼儿教师某一领域的专业发展。因此，对于幼儿教师某一胜任力的研究是幼儿教师整体胜任特征的进一步扩展和延伸。

在幼儿教师众多的胜任特征中，有不少研究者对某一胜任特征进行了深入研究，此部分研究方法与幼儿教师胜任特征研究方法相似。从研究内容看，主要内容包括幼儿教师健康教育胜任特征研究［如高健（2015）[1]、李静（2021）[2]、朱丽丽（2021）[3]］、幼儿教师家园沟通能力胜任特征研究［如刘云艳（2016）[4]、黎艳（2021）[5]］、幼儿教师班级管理胜任特征研究［如翟之月

---

[1] 高健：《幼儿园教师健康教育胜任力研究》，硕士学位论文，南京师范大学，2015。

[2] 李静：《幼儿园教师健康教育胜任力现状及提升策略——基于北京市935名幼儿园教师的数据》，《教师发展研究》2021年第5期。

[3] 朱丽丽：《幼儿园教师健康教育胜任力的水平现状与提升对策研究》，硕士学位论文，信阳师范学院，2021。

[4] 刘云艳、陈希：《幼儿园教师家园沟通胜任力特征及其提高策略》，《学前教育研究》2016年第2期。

[5] 黎艳、高凡：《幼儿教师家园沟通胜任力的现状探析》，《湖南教育》（C版）2021年第10期。

（2019）[1]、孙玉洁（2020）[2]]、幼儿教师双语教学能力胜任特征研究［如何永贤（2019）[3]]、幼儿教师体育教学能力胜任特征研究［如张晓靖（2020）[4]]。此外，彭陶（2019）[5]研究了幼儿教师胜任力与幸福感的关系，黄翯青[6]（2021）建立了26个项目的幼儿教师隐性胜任力基准模型。（表2-9）

表2-9　幼儿教师特殊胜任力研究

作者	对象方法	主要研究结论
高健（2015）	问卷调查3100名教师，并运用方差分析、回归分析进行研究	幼儿园教师健康教育胜任力的二阶一因素、一阶六因素结构模型(需求评估、教育规划、教育实施、教育评价、成为资源、沟通与支持)。年龄或教龄对胜任成绩的影响可能更多地通过其他因素间接发挥作用；学历、收入水平和班级种类是幼儿园教师健康教育胜任力最突出的影响因素。
刘云艳（2016）	对14位幼儿园教师进行行为事件访谈法	构建了由10项具有显著差异的胜任力特征组成的幼儿园教师家园沟通胜任力扶梯模型。这10项特征根据其内容与作用归为4类：认知类、技能类、人际互动类、人格特质类胜任力特征。
翟之月（2019）	采用文献法、行为事件访谈法和德尔菲法	幼儿教师班级管理胜任力包括能力、动机、态度、人际关系4个一级指标。幼儿教师具有中等以上水平的班级管理胜任力。幼儿教师班级管理胜任力与年龄、教龄和是否担任班主任呈显著性差异，与性别、办园性质、学历、任教学段呈不显著性差异。
彭陶（2019）	采用文献法、问卷法、访谈法等方法	幼儿教师胜任力与幸福感具有相关关系，幼儿教师胜任力维度责任心与幼儿教师幸福感与在职成效显著相关；组织管理与在职成效、职业认知差异显著；专业知识与在职成效、职业认知及人际关系显著相关；成就感与在职成效、人际关系显著相关。

① 翟之月：《幼儿教师班级管理胜任力现状研究》，硕士学位论文，青岛大学，2019。

② 孙玉洁、翟之月：《幼儿教师班级管理胜任力指标体系构建》，《陕西学前师范学院学报》2020年第2期。

③ 何永贤：《延边地区朝鲜族幼儿教师双语教学胜任力研究》，《东疆学刊》2019年第4期。

④ 张晓靖：《幼儿教师体育教学胜任力的研究》，硕士学位论文，山东体育学院，2020。

⑤ 彭陶：《幼儿教师教学胜任力与幸福感的关系研究》，《学周刊》2020年第22期。

⑥ 黄翯青、李雪莲、苏彦捷：《幼儿教师隐性胜任力模型的建构》，《首都师范大学学报》(社会科学版)2021年第3期。

续表2-9

作者	对象方法	主要研究结论
何永贤 （2019）	对12所朝鲜族幼儿园调查研究	明确朝鲜族幼儿园教师双语教学胜任力及其制约因素。
张晓靖 （2020）	运用了文献资料法、行为事件访谈法、问卷调查法、数据统计法	幼儿教师体育教学胜任力的可以总结出6个特征：体育教学组织能力、工作品质、运动能力、沟通能力、自我调节能力、健康监控能力。
孙玉洁 （2020）	运用了文献法、行为事件访谈法、德尔菲法等3种方法	幼儿教师班级管理胜任力包括动机、态度、能力和人际关系4个一级指标，以及其包含的10个二级指标和22个三级指标。
李静 （2021）	对北京市935名幼儿园教师进行问卷调查	北京市幼儿园教师健康教育胜任力水平适中，年龄、教育背景、转岗状况、从教意愿和园所级类是影响幼儿园教师健康教育胜任力的重要因素。
黎艳 （2021）	自编问卷对长沙地区521名幼儿教师调研	发现了家园沟通中存在的一些问题，针对这些问题提出了相应的建议，为增强家园沟通成效提供思路。
黄嚣青 （2021）	采用开放式问卷调查、行为事件访谈法	建立了包含26个项目的幼儿教师隐性胜任力基准模型，验证了3个维度21个条目的幼儿教师隐性胜任力鉴别模型。
朱丽丽 （2021）	采用问卷法和访谈法，调查河南省336名幼儿教师	幼儿园教师的健康教育胜任力处于中等偏上水平，影响健康教育胜任力原因主要有教师职前培养因素、教育行政管理部门因素、幼儿园因素、教师因素、社会因素。

二、国外教师胜任力相关研究

在国外，研究人员最早在管理学和心理学两大领域开展有关胜任力的研究，随后才逐渐开始在教育领域盛行。在教育领域，最早关于胜任力的研究集中在教育管理者的胜任力方面，如美国中学校长协会对教育管理者胜任力的研究。教师领域胜任力的研究始于20世纪70年代，1973年美国哈佛大学教授戴维·麦克利兰（David McClelland）首先提出胜任力这一概念，在其文章《测量胜任力而非智力》中，认为胜任力是指与工作和工作绩效或生活中其他重要成果直接相关或相联系的知识、技能、能力、特质或动机[1]。1998年，David重新定义了胜任力，将之界定为动机、特质、自我概念、态度（价值观）、知识（技能）等个性特征，这些特质应该是能够得到可靠测量，并能区分优秀绩效和普通绩效

---

[1] MCCLELLAND D. C., "Testing for Competence Rather Than for 'Intelligence, '" American Psychologist 28, no.1（1973）：1-4.

的个体特征①。随着胜任力理论和实践的发展，其研究范围不断扩大，对教师胜任力的研究已成为学科教学热点。通过文献查阅发现，国外对于教师胜任力的研究主要集中在3个方面，一是教师胜任力调查研究，二是教师胜任力模型构建研究，三是教师胜任力影响因素研究。

（一）教师胜任力调查研究

国外对于教师胜任力的调查研究主要通过问卷调查、实地访谈、教学观摩及对比分析等，发现教师胜任力方面存在的一些问题，并相应地提出针对性建议。Atmono（2017）选取印尼Tanah Bumbu地区小学160人调查教师胜任力，以教师能力、教育背景及教学经验为变量，研究发现其小学教师能力水平高于全国平均水平53.05分，但仍低于55分的最低能力标准（SKM）。教育背景和教学经验对教师绩效有显著的同步影响。在一定程度上，只有教师经验变量对教师能力有显著影响。Clive（2019）为了解喀麦隆西南地区中学地理教学中教师的知识、理解、能力与胜任力教学法的实施，调查了喀麦隆西南地区320名地理教师和120名学生，调查发现地理教师没有得到足够的培训和认识，这导致它们无法有效地执行该计划，也严重缺乏使用与CBA的实施相适应的教学方法，建议在地理课程开发和实施中采用基层方法，让所有利益相关方，包括未来将实施课程的教师参与其中，以及经常进行定期的服务培训②。Le（2019）对尼日利亚河州埃勒梅地方政府区144名高中化学教师胜任力进行容量分析。结果表明，教师的素质提高了教师的胜任力，城市地区的化学教师在处理容量分析（定量分析）方面的能力更强。建议应按资历聘用教师，因为这可提高整体教育水平③。Fadzil（2020）以马来西亚两个州的8所中学的8名生物教师为调查对象，探索中学生物教师实践工作胜任力。通过生物实验室观察、生物教师访谈、

① MCCLELLAND D. C., "Identifying competencies with behavioral-event interviews," Psychological science 9, no.5(1998):331-339.

② CLIVE T. N., "Teachers' Knowledge, Understanding, Ability and Implementation of Competency-Based Approach in the Teaching of Geography in Secondary Grammar Schools in the South West Region of Cameroon," International Journal of Trend in Scientific Research and Development 3, no.5(2019):2468-2474.

③ AJOKE A. A., LE-EERE N. G., "Volumetric analysis and secondary school chemistry teachers' competencies in Eleme Local Government Area, Rivers State," Journal of Emerging Trends in Educational Research and Policy Studies 10, no.3(2019):145-151.

教案等相关文献分析等方法收集数据,发现教师难以有效地设计和规划实践课程、开展实践课程前准备不足、对生物实践课程成绩的评价不当等问题[1]。Hayu（2020）通过对印度尼西亚摄政市区38名科学教师发放开放式问卷进行调查。研究结果显示,参与科学教师社区活动有时间和距离的限制,发现了在开发21世纪技能的相关内容（关于物理）、管理和教学实践方面的不足,在IT使用方面也表现出了弱点,建议加强科学教师社区活动的实践,努力克服内容和教学法内容知识（PCK）的弱点[2]。

（二）教师胜任力特征模型研究

由于研究教师胜任力的角度各不相同,加之各门各科教师胜任的特点也各有千秋,得出的教师胜任力特征模型构成自然不尽相同。总体上看,一般可将教师胜任力分为总体教师胜任特征与具体学科教师胜任特征。总体教师胜任力特征一般包括准备与计划、环境监控、教学胜任力、个体动机与调节、教学管理等维度,下设若干二级、三级指标或因素。具体学科教师胜任特征一般包括专业知识、专业技能（能力）、专业价值观（态度）等维度,同样下设若干二级、三级指标或因素。

1998年Bisschoff利用结构化问卷,调查凝练出教师胜任特征包括学习环境、教师专业承诺、纪律、教师的教学基础、教师反思、教师的合作能力、有效性和领导8个方面,最后总结出了二因素模型,即教育胜任力（Educative competence）和协作胜任力（Collaborative competence）[3]。Sternberg（2003）认为专家型教师胜任有三个共同特点,一是专业知识水平,在教学中采用更多的策略和技巧,能够比新教师更有效地运用自己的知识解决问题。二是高效,能用更少的时间完成更多的工作,他们把熟练掌握的技巧自动化,另外能够高效地计划、监督和修改解决问题的方法。三是创造性洞察力,更能够创造解决问题的

---

[1] FADZIL H. M., SAAT R. M., "Exploring Secondary School Biology Teacher Competency in Practical Work," Journal Pendidikan IPA Indonesia 9, no.1(2020):117-124.

[2] Hayu W. W. R., Permanasari A., Sumarna O., et al., "Revitalization of Science Teacher Community to Accelerate Competency Achievement of Science Teacher in Urban Area," (Journal of Physics: Conference Series. IOP Publishing, 2020).

[3] BISSCHOFF T., GROBLER B., "The management of the teacher competence," Journal of In-service Education 24, no.2(1998):191-211.

恰当方法①。Kimball（2004）提出了教师胜任力的测评模块，包括交流互动的能力、计算机水平技能、学习工作的动机、自我学习的能力、知识思想等②。Kabilan（2004）将教师胜任力评价标准分为5块，即动机、技能和知识思想、自我学习、交互能力、计算机能力③。Danielson（2007）提出教师胜任特征模型有4个维度：计划与准备、教师环境监控、教学和专业责任感。澳大利亚维多利亚州独立学校协会（AISV）的一项调查指出教师胜任力是一个多因素模型结构，由15个因素组成，即沟通能力、计划和组织、工作标准、适应性、人际关系建立、发展友谊、持续性学习、技术（专业知识）、辅导、决策、以学习者为中心、质量关注、信息监控、创新、行动发起，对成功的教学行为至关重要④。Valica（2013）制定的教师胜任力模型包括以下4个组成部分：专家/技术能力、道德和伦理责任、教学—心理和教学—方法能力、自我发展能力⑤。基于欧洲高等教育标准——DEQUA 的"文化素质发展"项目框架，Žilina大学制定的教师胜任力模型包括以下多种能力：道德和伦理能力、角色模型能力、技术能力（专家）能力、成熟的人格能力、科学能力、批判性思维能力、知名作家的能力、优秀的教学能力、沟通能力、激励能力⑥。Jung（2016）认为韩国小学教师的职业教育胜任力表现为5个方面：具备职业教育的基本知识、职业教育课程编制与方案规划、专业运营与职业教育评估、提供有关职业教育的资料及

---

① STERNBERG R. J., WILLIAMS W. M.:《教育心理学》，张厚粲译，中国轻工业出版社，2003，第2—28页。

② KIMBALL S. M., WHITE B., MILANOWSKI, et al, "Examining the relationship between teacher evaluation and student assessment results in Washoe County," Peabody Journal of Education 79, no.4(2004):54-78.

③ KABILAN M. K., "Online Professional Development: A Literature Analysis of Teacher Competency," Journal of Computing in Teacher Education 21, no.2(2004):51-57.

④ DANIELSON C. F., *Enhancing Professional practice: A framework for teaching. 2nd Edition* (VA: Association for Supervision and Curriculum Development, 2007).

⑤ VALICA M., ROHN T, "Development of the Professional Competence in the Ethics Teachers. 4th International Conference on New Horizons in Education," Procedia-Social and Behavioral Sciences 106, (2013):865-872.

⑥ DEQUA, Improving Quality of University Teachers. Evidence from workshop of activity 1.2, (University of Žilina. May 15, 2012).

其与当地社区的联系、职业教育实践者的职业道德与专业发展[1]。Arifin（2020）认为印度尼西亚教师胜任力包括教学、个性、社会和专业能力[2]。

在教师胜任力诸多特征中，教师的教学胜任力是其中对教师教学效果起到重要作用的重要因素。因此，教师教学胜任力也成了关注的焦点。Louise Starkey（2020）通过对2008—2018年发表的文章进行系统综述，认为教师数字胜任力模型主要有3种方式（通用数字能力、数字教学能力和专业数字能力），并用于教师如何在数字化教育系统中学习从事教师的专业工作[3]。Barnard（2020）为了提高高中理科教师在翻转课堂环境中有效实施技术参与模块的能力，通过参与式评估技术识别胜任力，以及与胜任力相匹配的评估内容，建议使用雷达图跟踪教师在创建和交付有效翻转课程所需的知识、技能和能力方面的胜任力，以指导个性化的专业发展[4]。Ye（2021）构建了中学理科教师核心教学能力指标，邀请了来自中国的大学、中学和教育研究机构的专家参与了两轮德尔菲过程。研究认为制定学习目标、提出教学问题、激发学习动机和分析课程内容的核心能力权重较高，而使用信息技术和多媒体、评价实际工作和展示研究成果的核心能力权重较少[5]。

此外，还有研究者研究了如何利用胜任力评价促进教师胜任力的提高，达到以评促建的目的。Heneman等（2004）认为对于提高教师胜任力有两个主要的战略，即授课的改进和人力资源的改进，前者改进教师的知识结构和教学技能，后者包括教育系统中组织的建立、入职、发展和动机等，并提出了基于人

---

① Jung Young hwa., "Exploration of Career Education Competency of Elementary School Teachers," Global Creative Leader, 2016, 6(2): 49–67.

② ARIFIN Z., NURTANTO M., PRIATNA A., KHOLIFAH N., FAWAID M., "Technology Andragogy Work Content Knowledge Model as a New Framework in Vocational Education: Revised Technology Pedagogy Content Knowledge Model," TEM Journal 9, no.2(2020): 786–791.

③ LOUISE STARKEY, "A review of research exploring teacher preparation for the digital age," Cambridge Journal of Education 50, no.1(2020): 37–56.

④ BARNARD M., DEHON E., COMPRETTA C., et al., "Development of a competency model and tailored assessment method for high school science teachers utilizing a flipped learning approach," Educational Technology Research and Development 68, no.5(2020): 2595–2614.

⑤ YE J., MI S., BI H., "Constructing Core Teaching Competency Indicators for Secondary School Science Teachers in China," Journal of Baltic Science Education 20, no.3(2021): 389–406.

力资源的教师绩效胜任模型[1]。

（三）教师胜任力影响因素及其关系研究

在国外教师胜任力影响因素及其关系研究中，包括个性特征、某项教学技能、自我概念（性别、年龄）、自我效能、智力、教师资格、种族、教学环境等等。可以发现国外在对教师胜任力影响因素研究上，在心理学方面的研究较多。

在心理学影响因素方面。Algi（2014）研究印尼某区初中教师的个性特征与教师胜任力之间的关系，调查了200名教师，并利用结构方程模型（SEM）对所得数据进行分析。结果表明，初中教师个性特征与教师胜任力之间存在显著的相关关系。个性特征（视野、创造力、承诺、信任和意识）与教师胜任力指标（教学能力、专业能力、个性和社交能力）之间存在显著的正相关关系[2]。Sharma（2018）研究印度小学教师的教学胜任力与自我概念的关系，对德里东部60所MCD学校中的120名教师进行调查。研究发现，女教师的胜任力和技能更强，更灵活，适应能力、创造性更强，年龄对个体经验学习教学技能的影响是随着年龄的增长知识也在增长，经验和年龄是相辅相成的，随着年龄的增长，教学胜任力也增强。男性教师的胜任力较弱，因为他们在家庭中扮演的主要角色更多参与其他领域[3]。Cai（2022）为检验高校教师能力（个人评价）和创造性表现（创造性自我效能和领导/上级支持）在情绪智力（EI）和学习结果之间的中介作用，以及确定学习结果与组织绩效（OP）之间的关系。调研巴基斯坦高校的237名学术专业人员，研究发现，教师能力（个人评价）和创造性表现（创造性自我效能和领导/上级支持）在EI和学习结果之间存在中介作用。EI对学习结果有积极而显著的影响，EI与学习结果之间的间接关系是通过教师能力和创造性表现建立的，而学习结果与OP之间的关系也是如此[4]。Blömeke

① HERNEMAN H. G., MILANOWSKI A. T., "Alignmentof Human Resource Practices and Teacher Performance Competency," Peabody Journal of Education 79, no.4(2004):108-125.

② ALGI S., RAHMAN A., ANUAR M., "The Relationship Between Personal Mastery and Teachers' Competencies at Schools in Indonesia," Journal of education and learning 8, no.3(2014):217-226.

③ SHARMA M. B., KUMAR H, HEAD A., "Teaching Competency and Self Concept of Elementary Teachers: A Correlational Study," Research on Humanities and Social Sciences 8, nno.11(2018): 48-53.

④ CAI B., SHAFAIT Z., CHEN L., "Teachers' Adoption of Emotions-Based Learning Outcomes: Significance of Teachers' Competence, Creative Performance, and University Performance," Frontiers in Psychology 13. No.22(2022):812447.

（2022）探讨智力与自我概念对教师胜任力的作用。研究发现，流体智力（GF）和专业领域知识均会对教师解决某一领域专业问题的能力造成影响，教师与数学相关的学业自我概念解释了GF之外的个体差异，GF与自我概念的交互作用只存在于教师的学科教学知识和一般教学知识中，而不存在于教学知识中。这一发现表明，积极的自我概念无法弥补GF的不足，但在GF较高的情况下，它支持特定领域知识的获得，这可能是因为它有助于克服挑战[①]。

此外，教师的能力、知识及其他因素也会对教师胜任力产生较大影响。Michael（2016）研究了肯尼亚Machakos公立中学教师胜任力对信息通信技术教学整合的影响，选取21名中学校长和126名教师为样本。研究表明，教师胜任力与信息通信技术整合之间存在显著关系[②]。Kim（2018）检验了韩国幼儿教师资格（教育水平、教学经验、专业和认证）和胜任力变量（教学效能和师生互动）对幼儿发展（认知、语言和社会发展）的影响。结果表明，教师胜任力（教学效能感和师生互动）与儿童发展之间存在正相关关系，教师资格对幼儿发展没有显著影响[③]。Setiawan（2018）分析了印尼小学教师胜任力的制约因素。调查对象包括教师、校长、教育主管人员、地区人力资源管理处处长，以及地区规划发展处处长。研究表明，制约教师胜任力的因素有4个：学校基础设施不足、教师教育水平低、教师培训执行不力、政府在奖励优秀教师方面缺乏重视[④]。Vebrianto（2020）对印度尼西亚西部Riau省150名职前小学教师（PEST）的一般胜任力进行研究，探讨了种族、学习地点和PEST互动模式的差异是否对其多元智能有影响。分析表明，不同民族和大学在PEST多元智能得分上无显著差异；在交互作用方面，种族与大学的交互作用对两所大学的PEST多元智能也没

① BLÖMEKE SIGRID, JENßEN LARS, EID MICHAEL, "The Role of Intelligence and Self-Concept for Teachers' Competence," Journal of Intelligence 12, no.2(2022):20-20.

② MICHAEL F. M., MAITHYA R., CHELOTI S. K., "Influence of teacher competency on integration of ICT in teaching and learning in public secondary schools in Machakos," Journal of Education and E-learning Research 3, no.4(2016):143-149.

③ KIM S. L., PARK C. H., "The Effects of Preschool Teachers' Qualification and Competency on Young Children's Development," International Journal of Advanced Culture Technology 6, no. 4 (2018):233-239.

④ SETIAWAN D., SITORUS J., NATSIR M., "Inhibiting Factor of Primary School Teacher Competence in Indonesia: Pedagogic and Professionalism," Asian Social Science 14, no.6(2018):30-42.

有显著影响①。

三、国内外幼儿教师专业标准

教师专业标准的研究、制定与实施，已成为一种许多国家促进教师专业发展、提高教学质量的重要措施。目前，国际上以英、美、澳为首的国家在教师专业标准的研制上，逐渐从以教师资格认证为标准、为核心的模式，过渡到以促进教师专业发展和成长的模式，发展为现在教学质量保障与教师专业发展相结合的教师专业标准模式。虽然教师专业标准的制定经历的过程有一定相似之处，但是鉴于各国国情不同、文化差异的不同、教育方式的差异，在对教师标准的制定和要求上也存在一定差异。

（一）国外教师专业标准

在美国，教师专业标准制定由四大机构进行，这四大机构包括美国教师教育认证委员会（NCATE）、美国专业教学标准全国委员会（NBPTS）、美国洲际新教师评估与支持联合会（INTASC）和美国优质教师证书委员会（ABCTE）。其中，国家专业教学标准全国委员会确立了5项核心标准：一是教师应该致力于学生的发展和学生的学习；二是教师了解所教学科领域的知识以及该学科的教学方法；三是教师负责学生学习的管理和监测；四是教师能够对自己的教学实践进行系统思考，并从经验中学习；五是教师是学习共同体的成员②。这5项核心标准以教师信念、教师知识、教学技能、教学反思、专业发展为重要维度反映优秀教师特点的标准框架，为委员会后来制定所有领域标准和认证打下基础。

美国幼儿教育教师专业标准制定方面，3～8岁儿童教育优秀教师专业标准包含9项内容，是由美国全国专业教学标准委员会（NBPTS）制定的。主要内容包括理解儿童、公平公正与多元化、评估、促进儿童的发展与学习、有关综合性课程的知识、促进儿童有意义学习的多种教学策略、家庭和社区伙伴关系、专业合作伙伴、反思性实践。2010年，幼儿教育的权威机构美国幼儿教育协会

---

① VEBRIANTO R., SOH T. M. T., YUSRA N., et al, "Competency of Pre-Service Elementary School Teacher Based on Multiple Intelligences Theory in Riau Province"（1st Progress in Social Science, Humanities and Education Research Symposium, 2019, Atlantis Press, 2020）:725-730.

② 陈德云、周南照:《教师专业标准及其认证体系的开发——以美国优秀教师专业标准及认证为例》,《教育研究》2013年第7期。

（National Association for the Education of Young Children, NAEYC）公开颁布的《专业认证标准》分为初级教师标准和高级教师标准，该标准对于培养早期儿童教师的主要方向做了详细解读，每一方向由7个核心标准组成，单个核心标准下各有3～5个关键要素。初级标准主要针对意图申请副学士和学士学位的早期儿童教师，也是这类专业教师课程的重要学习内容，并能够为他们的教学进行标准引导。初级教师的核心标准包括为儿童学习发展服务、促进家庭及社区幼儿教育发展、观察和评价幼儿以帮助家庭及幼儿、运用丰富教学手段、通过运用专业知识构建有意义课程、成为一名专业人员、积累早期教育经验等7项内容。高级教师的核心标准包括为儿童学习发展服务、连接家庭与社区、观察和评价幼儿以帮助家庭及幼儿、全面运用有效途径同儿童及家庭建立联系、通过运用专业知识构建有意义课程、成为一名专业人员、积累早期教育经验等7项内容（表2-10）。

表2-10 2010年全美初级和高级早期儿童教育专业认证标准

类别	早期儿童教育专业认证标准(初级)	早期儿童教育专业认证标准(高级)
内容	促进儿童的发展和学习	为儿童学习发展服务
	建立家庭及社区的关系	连接家庭与社区
	观察、记录及评估，以支持幼儿及家庭发展	观察和评价幼儿以帮助家庭及幼儿
	全面运用有效途径	全面运用有效途径同儿童及家庭建立联系
	运用内容知识建构有意义的课程	通过运用专业知识构建有意义课程
	成为一名专业人员	成为一名专业人员
	早期儿童教育的实践经验	积累早期教育经验

为提高学生学业与成就水平，20世纪90年代起，英格兰开始重视认证标准下的教育教学改革，自上而下，由国家层面发展到学校层面，涵盖课程、教师培养、专业发展、问责等与教育质量相关的方方面面。2006年，英国儿童工作发展委员会制定了《早期教育专业教师身份标准草案》，2007年，成立了早期教育专业教师培训项目（Early Years Professional Status，EYPS）。2007年9月，英国学校培训与发展署（TDA）颁布了由合格教师专业标准、普通教师专业标准、

资深教师专业标准、优秀教师专业标准、大师级教师专业标准构成的英国教师专业标准框架，并从专业品质、专业知识和理解、专业技能三个维度对不同专业发展阶段的教师作出了详细的要求，代替英国原有的教师专业标准实施。2011年，为了使教师专业标准更加完善与符合教育需求，英国教育部颁布了新的《教师标准》，替代了2007年英国学校培训与发展署（TDA）颁布的合格教师专业标准等[①]。2011年《教师标准》在制定时指出，标准的目的既包括为全国教师的实践和行为质量提供一个基准，以提高学生的成绩，为学校通过绩效管理解决绩效不佳和不当行为提供基础依据，也包括为教师专业发展提供帮助。

在幼儿教师专业标准方面，2012年新修订版《早期教育专业教师标准》包括专业品质、专业知识、专业实践指标3个维度（表2-11）。在专业品质中要求早期教育专业教师要能示范并完成有效的实践，支持团结同事，有责任为同事提供合适的专业发展机会，在与他人合作交流时，为幼儿展现积极的价值观、态度及行为，从而影响幼儿积极价值观、态度和行为的形成与发展。在专业知识中对早期基础阶段幼儿需要学习和发展的主要及特定领域作了要求，即个性、情感及社会性、语言和沟通、身体、读写、数学、理解周围世界及艺术7个领域。在专业实践指标中提出8项内容：一是支持0~5岁幼儿健康成长；二是通过家园合作支持幼儿的学习与发展；三是捍卫和增进幼儿的福祉；四是对每位幼儿提出具有鼓舞、激发及具有挑战性的高期望；五是运用观察和评价满足幼儿需求；六是根据幼儿的个体差异设计教育方案；七是履行更广泛的专业责任；八是领导实践并养成持续改善的观念[②]。

表2-11 2012年英国早期教育专业教师身份标准

类别	合格教师资格标准	资深教师资格标准	高级技能教师标准
内容	专业品质 专业知识与理解 专业实践	知识和理解 教学和评估 促进学生进步 更宽泛的专业实力 专业特点	优秀的教学成果或效果 丰富的学科或专业知识 杰出计划能力 优秀的教学、学生管理及课堂管理能力 优秀的评估和评价能力 为其他教师提供建议和支持的杰出能力

① 张颖慧：《英格兰教师专业标准的研制与实施研究》，硕士学位论文，东北师范大学，2021。
② 马妮萝：《近十年英国幼儿教师职前教育政策研究》，硕士学位论文，云南师范大学，2016。

　　澳大利亚在1996年正式发布了由国家教学质量计划项目组制定的《国家初任教师能力框架》(The National Competency Framework for Beginning Teachers，简称《能力框架》)，其主要目的是评估新老师的教育和教学能力。《能力框架》发布后引起了较大争议，有专家认为仅依靠能力定义教师工作，容易分割教师工作，缺乏整体性，反而影响教师的专业成长，因此主张用标准取代能力框架，因为标准比能力更注重教育教学的整个过程。1998年澳大利亚教育主任理事会向澳大利亚联邦政府就业、教育、培训与青年事务部提交了《职前教师国家标准与指南》①。

　　2003年11月，澳大利亚发布并实施了《教师专业标准框架》，包括专业知识、教师专业素养、教师实践能力、教师协调能力4个方面。联邦政府认为专业标准的制定应该有助于解决各州和地区间因标准差异性所带来的教师流动障碍问题，但联邦政府也认识到，专业标准应根据不同地区对教师质量的不同要求设定，并适度保留差异性。2011年12月，澳大利亚教育部通过了新修订的《国家教师专业标准》(National Professional Standards for Teachers)，包括专业知识领域、专业实践领域、专业承诺领域，包括7项标准和37个聚焦点②。国家教师专业标准是各地各州建立具体教师标准的参照体系，也是培养教师的参考依据。

　　在幼儿教师专业标准方面，澳大利亚联邦教育局要求幼儿教师专业标准的理念与内容不能脱离《全国教师专业标准》，制定的幼儿教师专业标准的主要包括3个领域（专业知识、专业实践和专业参与）、7个标准（了解学生以及学生如何学习，了解教学内容和知道如何教，实现有效教学与学习的规划，创建并保持支持和安全的学习环境，评价、反馈并报告学生的学习情况，参与专业学习，专业参与中和同事、父母/监护人及专业团体关系）③（表2-12）。

---

① 刘敏：《澳大利亚国家教师专业标准的变迁脉络与经验》，《当代教育科学》2016年第17期。
② 梁泉宝、胡继飞：《澳大利亚教师专业标准：框架、实施与启示》，《课程教学研究》2018年第4期。
③ 王宇晗：《澳大利亚〈全国教师专业标准〉中幼儿教师专业标准研究》，硕士学位论文，哈尔滨师范大学，2021。

表2-12　澳大利亚幼儿教师专业标准

领域	标准	专业要求
专业知识	了解学生以及学生如何学习	熟悉幼儿的智力、社会、身体及自身个性特点 了解幼儿的学习方法 熟悉幼儿的社会经济地位背景、幼儿的语言文化及地区 知道原住民与其他领域幼儿的不同教学方法 熟悉特别幼儿的个别差异化策略 针对身心障碍的幼儿制定辅助策略
	了解教学内容和知道如何教	熟悉教学策略与教学领域的有关内容 选择并组织课程内容 分析课程、报告与评价 通过熟悉当地学生的学习情况,制定个性化教学方案, 教学中共促与各民族和谐相处 注重培养儿童的认知能力 了解教育信息技术知识
专业实践	实现有效教学与学习的规划	建立学习挑战目标 学习方案的规划、结构与结果 运用教学策略 选择与运用资源 评估与改善教学方案 在教育过程中使父母/照顾者能投入
	创建并保持支持和安全的学习环境	支持幼儿参与 管理教室活动 管理挑战行为 维持幼儿安全 运用信息技术需注意的安全、责任与伦理
	评价、反馈并报告学生的学习情况	评估幼儿学习 提供幼儿学习的反馈 制定评比制度 个性化学生的个人资料 提供关于学生成果的报告

续表2-12

领域	标准	专业要求
专业参与	参与专业学习	专业学习需求的认同与规划 致力于专业学习与实践提升 加强与同事之间的合作 通过专业知识提升学生的学习水平
	专业参与中和同事、父母/监护人及专业团体关系	负责任 遵守法律、行政与组织要求 与家长/照顾者共同投入 与专业教学群体和社区共同投入

（二）我国幼儿教师标准

幼儿园教师质量决定着学前教育的质量，高素质的幼儿园教师队伍是高质量教育和儿童健康发展的重要保障。国务院为了积极发展学前教育，着力解决"入园难"问题，满足适龄儿童入园需求，促进学前教育事业发展，于2010年颁发了《国务院关于当前发展学前教育的若干意见》。《意见》指出，要把发展学前教育摆在更加重要的位置，要多种途径加强幼儿教师队伍建设；加速建设一支师德崇高、关爱幼儿、业务水平精湛、结构合理的幼儿教师队伍；健全幼儿教师资格准入制度，严把入口关。

2012年教育部颁布了《幼儿园教师专业标准（试行）》，该标准涵盖了专业理念与师德、专业知识和专业能力3大领域、14个维度（职业理解与认识、对幼儿的态度与行为、幼儿保育和教育的态度与行为、个人修养与行为、幼儿发展知识、幼儿保育和教育知识、通识性知识、环境的创设与利用、一日生活的组织与保育、游戏活动的支持与引导、教育活动的计划与实施、激励与评价、沟通与合作、反思与发展）、62项基本要求（表2-13）。这些具体标准与要求特别强调幼儿教师的师德与专业态度，将幼儿的生命与健康放在保育教育工作首位，充分体现了保教结合的基本特点、教师必须具备的教育教学实践能力，以及教师在教育教学过程中自我反思与自主专业发展的能力。要求与措施不断推动提高幼儿园教师培养培训质量，建立教师教育质量保障体系。

表2-13　我国幼儿园教师专业标准

维度	领域	基本要求
专业理念与师德	（一）职业理解与认识	1.贯彻党和国家教育方针政策,遵守教育法律法规。 2.理解幼儿保教工作的意义,热爱学前教育事业,具有职业理想和敬业精神。 3.认同幼儿园教师的专业性和独特性,注重自身专业发展。 4.具有良好职业道德修养,为人师表。 5.具有团队合作精神,积极开展协作与交流。
	（二）对幼儿的态度与行为	6.关爱幼儿,重视幼儿身心健康,将保护幼儿生命安全放在首位。 7.尊重幼儿人格,维护幼儿合法权益,平等对待每一位幼儿不讽刺、挖苦、歧视幼儿,不体罚或变相体罚幼儿。 8.信任幼儿,尊重个体差异,主动了解和满足有益于幼儿身心发展的不同需求。 9.重视生活对幼儿健康成长的重要价值,积极创造条件,让幼儿拥有快乐的幼儿园生活。
	（三）幼儿保育和教育的态度与行为	10.注重保教结合,培育幼儿良好的意志品质,帮助幼儿养成良好的行为习惯。 11.注重保护幼儿的好奇心,培养幼儿的想像力,发掘幼儿的兴趣爱好。 12.重视环境和游戏对幼儿发展的独特作用,创设富有教育意义的环境氛围,将游戏作为幼儿的主要活动。 13.重视丰富幼儿多方面的直接经验,将探索、交往等实践活动作为幼儿最重要的学习方式。 14.重视自身日常态度言行对幼儿发展的重要影响与作用。 15.重视幼儿园、家庭和社区的合作,综合利用各种资源。
	（四）个人修养与行为	16.富有爱心、责任心、耐心和细心。 17.乐观向上、热情开朗,有亲和力。 18.善于自我调节情绪,保持平和心态。 19.勤于学习,不断进取。 20.衣着整洁得体,语言规范健康,举止文明礼貌。
专业知识	（五）幼儿发展知识	21.了解关于幼儿生存、发展和保护的有关法律法规及政策规定。 22.掌握不同年龄幼儿身心发展特点、规律和促进幼儿全面发展的策略与方法。 23.了解幼儿在发展水平、速度与优势领域等方面的个体差异,掌握对应的策略与方法。 24.了解幼儿发展中容易出现的问题与适宜的对策。 25.了解有特殊需要幼儿的身心发展特点及教育策略与方法。

续表2-13

维度	领域	基本要求
专业知识	(六)幼儿保育和教育知识	26.熟悉幼儿园教育的目标、任务、内容、要求和基本原则。 27.掌握幼儿园各领域教育的学科特点与基本知识。 28.掌握幼儿园环境创设、一日生活安排、游戏与教育活动、保育和班级管理的知识与方法。 29.熟知幼儿园的安全应急预案,掌握意外事故和危险情况下幼儿安全防护与救助的基本方法。 30.掌握观察、谈话、记录等了解幼儿的基本方法和教育心理学的基本原理和方法。 31.了解0～3岁婴幼儿保教和幼小衔接的有关知识与基本方法。
	(七)通识性知识	32.具有一定的自然科学和人文社会科学知识。 33.了解中国教育基本情况。 34.具有相应的艺术欣赏与表现知识。 35.具有一定的现代信息技术知识。
专业能力	(八)环境的创设与利用	36.建立良好的师幼关系,帮助幼儿建立良好的同伴关系,让幼儿感到温暖和愉悦。 37.建立班级秩序与规则,营造良好的班级氛围,让幼儿感受到安全、舒适。 38.创设有助于促进幼儿成长、学习、游戏的教育环境。 39.合理利用资源,为幼儿提供和制作适合的玩教具和学习材料,引发和支持幼儿的主动活动。
	(九)一日生活的组织与保育	40.合理安排和组织一日生活的各个环节,将教育灵活地渗透到一日生活中。 41.科学照料幼儿日常生活,指导和协助保育员做好班级常规保育和卫生工作。 42.充分利用各种教育契机,对幼儿进行随机教育。 43.有效保护幼儿,及时处理幼儿的常见事故,危险情况优先救护幼儿。
	(十)游戏活动的支持与引导	44.提供符合幼儿兴趣需要、年龄特点和发展目标的游戏条件。 45.充分利用与合理设计游戏活动空间,提供丰富、适宜的游戏材料,支持、引发和促进幼儿的游戏。 46.鼓励幼儿自主选择游戏内容、伙伴和材料,支持幼儿主动地、创造性地开展游戏,充分体验游戏的快乐和满足。 47.引导幼儿在游戏活动中获得身体、认知、语言和社会性等多方面的发展。

维度	领域	基本要求
专业能力	(十一)教育活动的计划与实施	48.制定阶段性的教育活动计划和具体活动方案。 49.在教育活动中观察幼儿,根据幼儿的表现和需要,调整活动,给予适宜的指导。 50.在教育活动的设计和实施中体现趣味性、综合性和生活化,灵活运用各种组织形式和适宜的教育方式。 51.提供更多的操作探索、交流合作、表达表现的机会,支持和促进幼儿主动学习。
	(十二)激励与评价	52.关注幼儿日常表现,及时发现和赏识每个幼儿的点滴进步,注重激发和保护幼儿的积极性、自信心。 53.有效运用观察、谈话、家园联系、作品分析等多种方法,客观地、全面地了解和评价幼儿。 54.有效运用评价结果,指导下一步教育活动的开展。
	(十三)沟通与合作	55.使用符合幼儿年龄特点的语言进行保教工作。 56.善于倾听,和蔼可亲,与幼儿进行有效沟通。 57.与同事合作交流,分享经验和资源,共同发展。 58.与家长进行有效沟通合作,共同促进幼儿发展。 59.协助幼儿园与社区建立合作互助的良好关系。
	(十四)反思与发展	60.主动收集分析相关信息,不断进行反思,改进保教工作。 61.针对保教工作中的现实需要与问题,进行探索和研究。 62.制定专业发展规划,积极参加专业培训,不断提高自身专业素质。

/ 第四节 /

体育教师胜任力研究

体育教师作为整个教师群体中的一员,在提高学生体质健康水平、促进学生运动技能的掌握、激发学生运动兴趣、培养学生意志品质等方面发挥了一定的作用。体育教师胜任力直接关系学生参与体育运动与锻炼的效果。

研究人员从宏观的角度研究了体育教师的胜任力,研究发现了体育教师共有的胜任力特征和模型。2010年黄瑞霞归纳出了8项体育教师胜任力评价指标,即人际洞察力、尊重学生、创新能力、组织协调、教育理念、教学艺术、主动性及运动技能①。卢三妹（2012）通过问卷调查和行为事件访谈（BEI）相结合的方法，初步建立了我国体育教师胜任力模型，构建体育教师胜任特征5个类群：关爱与沟通、专业素质、个人特质、专业提升和职业偏好，具体包括亲切耐心、沟通技能、积极关注与鼓励、组织管理能力、教学方法与手段、专业知识与技能、技能展示能力、尊重他人、公平公正、情绪健康、创新意识、终身学习意识、爱岗敬业、责任心14项胜任特征②。钟晓露（2021）利用文献法、访谈法、德尔菲法和问卷法，最终构建出体育教师教育者胜任力的4个维度（职业态度、个人特质、知识体系、能力体系），以及13个胜任力要素（立德树人、仁爱之心、爱岗敬业、角色认同、自信、细致耐心、教育教学知识、学科专业知识、教学改革认知、教资备考知识、教育教学能力、持续发展能力、人际沟通能力）构成的体育教师教育者胜任力模型③。

　　尽管教师胜任特征相关研究是当下教师专业化发展研究热点，我国科研工作者也进行了大量论证与研究，取得了不少研究成果，但是关于体育教师胜任特征的研究还比较薄弱，理论探讨和实证研究还需要进一步加强。徐守森（2014）采用文献资料法梳理了2014年以前国内体育教师胜任特征方面的研究。一是在研究对象上，主要为中学体育教师（42.9%）和大学体育教师（35.7%）；二是地域分布上，研究对象（90.9%）主要来自东部发达省份；三是研究方法上，所有的研究都使用了问卷调查法（100%），部分研究用到了专家访谈法（28.6%），很少有研究（14.2%）用到胜任特征模型建构的经典方法——行为事件访谈。总体认为，绝大多数研究者对胜任特征、胜任特征模型的把握不够规范④。

　　上述研究主要是从宏观角度出发，分析体育教师胜任力特征和模型，以促进体育教师群体了解体育老师应具备的基本胜任特征，为进一步深入探讨体育教师胜任力提供了思路和方法。但是，不同学段、不同类型、不同层次学校体育教师胜任力是否存在差异？在文献调研时还发现，不少研究者针对高校体育教师胜任力、中小学体育教师胜任力及学龄前阶段教师体育胜任力展开了相应研究。

---

① 黄瑞霞：《体育教师教学胜任力研究》，《教学与管理》2010年第6期。

② 卢三妹、朱石燕：《体育教师胜任力模型建构研究》，《体育学刊》2012年第9期。

③ 钟晓露：《体育教师教育者的胜任力研究》，硕士学位论文，江西师范大学，2021。

④ 徐守森、张月、李京诚：《国内体育教师胜任特征的研究进展》，《体育科研》2014年第3期。

一、高校体育教师胜任力

高校体育教师的胜任力对于高校体育教育教学工作质量的提高发挥着重要作用，提高高校体育教师的专业化水平是当前深化体育教育教学改革的重要方面。因此，高校体育教师具备一定的岗位胜任力成为当前的急需解决的重要问题。

通过对国内现有文献梳理，可以归纳三个方面的研究。一是总体上对整个高校体育教师胜任力进行研究，此方面的研究成果也是最多的。通过总结胜任力的特征，包括若干一级指标或二级指标构建高校体育教师胜任力模型。如申齐（1999）[①]、祝大鹏（2010）[②]、田广（2014）[③]、姚桐（2016）[④]、邢中有（2017）[⑤]、刘映海（2017）[⑥]、李丹（2019）[⑦]、黄书朋（2021）[⑧]。通过文献可以发现，在一级指标维度中，知识结构、教学能力、道德品质、科研能力、个人特质等胜任力特征是高校体育教师所必须具备的通用胜任力，以及每一维度下具体的胜任力特征。二是某一运动专项教师的体育胜任力，如何月冬（2020）[⑨]建立的四川省普通高校排球教师胜任力模型和牛莉莉（2022）[⑩]建立的

---

① 申齐：《用"AHP法"对高校体育教师素质评价模型的研究》，《辽宁体育科技》1999年第5期。

② 祝大鹏：《高校体育教师胜任特征模型建构》，《体育学刊》2010年第11期。

③ 田广、高徐、张龙等：《贵州省高校体育教师胜任力评价指标体系的构建》，《体育研究与教育》2014年第4期。

④ 姚桐：《基于TOPSIS方法的高校体育教师胜任力研究》，《数学的实践与认识》2016年第20期。

⑤ 邢中有：《河南省高校公共体育教师胜任力模型构建及实证研究》，《汉江师范学院学报》2017年第3期。

⑥ 刘映海：《高校体育教师胜任特征跨校类别恒等性研究》，《北京体育大学学报》2017年第1期。

⑦ 李丹：《我国高校公共体育教师胜任力构成因素实证研究》，第十一届全国体育科学大会论文摘要汇编，2019，第6471-6472页。

⑧ 黄书朋：《课程改革背景下高校体育教师胜任力研究》，《湖北体育科技》2021年第3期。

⑨ 何月冬：《四川省普通高校排球教师胜任力评价研究》，硕士学位论文，成都体育学院，2020。

⑩ 牛莉莉、张硕：《新时代高校体育舞蹈教师胜任力指标体系构建》，第十二届全国体育科学大会论文摘要汇编—墙报交流(学校体育分会)，2022，第916-917页。

高校体育舞蹈教师胜任力指标体系。这两项研究以不同运动专项的高校体育教师为对象，对高校体育教师胜任力研究进一步深化。此外，陈敏在2012年[①]和2014年[②]从心理学角度探讨了胜任力影响因素之间的关系。研究发现，胜任特征、工作绩效、心理契约及各维度之间存在显著相关关系。在专业技能和个性特质维度上存在绩效的主效应，在认知能力维度上存在显著相关关系的是学历主效应，在教学手段、沟通合作维度上存在显著相关关系的是教龄主效应。不同人口学特征的高校体育教师胜任特征存在差异，性别对工作绩效维度影响较大，不同学历对工作绩效中的任务绩效维度有显著性差异，婚姻状况、职称、任教岗位、教龄、职务对体育教师工作绩效维度均无显著差异。这些研究让我们进一步具体明确了是什么因素影响高校体育教师胜任力的，以及影响程度有多大。（表2-14）

表2-14　高校体育教师胜任力研究

作者	对象与方法	主要研究结论
申齐 （1999）	使用文献资料法、层次分析法、专家咨询法对高校体育教师素质进行调查	高校体育教师素质受思想品德、业务素质、工作实践、兼职工作4大结构影响，每个结构又包含若干因素，共17项指标。
祝大鹏 （2010）	以高校体育教师、高校师资管理部门领导、高校体育专业学生为调查和访谈对象	构建由20个胜任特征组成的普通高校体育教师胜任特征模型，自信、责任心、专业技能、调动积极性、反思能力、终身学习、明确的发展目标、创造性、关注细节9个因素能够较好地解释高校体育教师胜任力模型。
田广 （2014）	模糊数学原理、层次分析法	贵州省高校体育教师胜任力评价体系包括社会责任、职业道德、基础知识、专业知识、心理品质、工作行为、科研能力7个指标。
姚桐 （2016）	采用层次分析法（AHP）和逼近理想解的排序法。TOPSIS的基础上，构建AHP—TOPSIS综合评判指标体系模型	从工作态度、知识技能、课程设置、创新能力以及团队合作能力5个方面确定了影响高校体育教师胜任力的17个评价指标。

---

① 陈敏、吴姜月、宋巨华等：《高校体育教师胜任特征模型及相关性研究》，《社会科学家》2012年第S1期。

② 陈敏：《福建省普通高校体育教师胜任特征与工作绩效关系研究》，硕士学位论文，福建师范大学，2014。

作者	对象与方法	主要研究结论
邢中有 （2017）	以河南省高校为调查对象，发放调查问卷	采用综合知识、教学能力以及个性特质这三个方面的要素构建高校公共体育教师胜任力模型。
刘映海 （2017）	行为事件访谈，以普通高等学校体育教师和普通高等体育院校体育教师为调查对象	高校体育教师胜任特征模型包括8个因子教学策略、批判思维、创新、成就、专注、逻辑分析、尊重和社会服务意识。
李丹 （2019）	采用问卷调查、数理统计法，东部、中部、西部各选择3所高校共9所高校，以其公共体育教师为调查对象	我国高校公共体育教师胜任力构成因素包括教师特征、教学技能、职业认知、个性、知识能力5个方面的因素，教师教学技能对高校公共体育教师胜任力有直接的、正向的作用，并且其作用最为显著，其次依次是教师职业认知、教师知识能力、教师特征、教师个性。
何月冬 （2020）	以四川省普通高校排球教师为研究对象，采用调查问卷、德尔菲法对15位优秀排球教师进行调查	四川省普通高校排球教师胜任力模型由5个维度和24个胜任特征构成，5个一级指标权重分别为理论与知识（0.1737）、教学与训练（0.2053）、科研与创新（0.3795）、个人特质（0.1275）、职业认知（0.1140）。
黄书朋 （2021）	采用文献资料法、逻辑分析法、归纳法等，以高校体育教师胜任力为研究对象	高校体育教师胜任力评价指标包括完善的知识体系和扎实的技能、与时俱进的思维认知和理解能力、组织管理与创新能力。
牛莉莉 （2022）	采用文献资料法、专家访谈法、德尔菲法、层次分析法、问卷调查法，以高校体育舞蹈教师为研究对象	构建了含有5个一级指标、13个二级指标、47个三级指标的新时代高校体育舞蹈教师胜任力指标体系。5个一级指标包括知识结构、能力结构、职业认知、师德修养、角色定位。

二、中小学体育教师胜任力

中小学是基础教育阶段，体育教育教学在培养学生体育兴趣、运动参与、意志品质等方面起到基础性作用。中小学体育教师胜任力的高低是实施体育教学、完成教学目标的关键能力。多数研究通过问卷调查法、数理统计法、德尔菲法、行为事件访谈法等对部分城市或农村的中小学体育教师胜任力进行调研，并给出相关的建议。

一部分研究通过调研构建中小学体育教师胜任力模型，包含若干维度或因素。总体来看，中小学体育教师底层胜任力包括教学能力、知识结构、职业素养、个性特征、信息能力等方面。如张长城（2011）对中学体育教师胜任力特征进行了研究，其研究发现科研创新能力、信息收集与学习能力、教学与组织能力、专业知识、个性特征这5个因素是中学体育教师必备胜任力特征[1]。李欣（2012）认为中小学体育教师的胜任特征模型包括教学知能、职业素养、专业发展、个人效能、社会适应和学生观念6个因子[2]。矫志庆（2018）认为中小学体育教师胜任特征结构模型是由知识特征、技能特征、认知特征和内在品格特征4个维度构成[3]。刘晓旭（2016）构建的小学体育教师胜任力模型包含8项鉴别性胜任力和基准性胜任力，其中鉴别性胜任力是区别于其他专业领域的胜任力特征，包含专业知识、教学艺术、教学方法与手段、教育理念、理解他人、反思能力、适应性和客观性[4]。陈祖学（2019）认为贵州民族地区中小学体育教师胜任力是由教学能力、职业坚守与沟通交流能力、探索与发现能力、自我反思与学习能力这4个因子组成的多维度结构[5]。唐旭升（2021）从5个维度研究了永州市农村中学体育教师的胜任力现状，即科研创新能力、教学与组织能力、信息收集与学习能力、专业知识、个性特征[6]。此外，还有研究以中学女性体育教师胜任力为研究对象，如唐小花（2013）构建的中学女性体育教师胜任力的金字塔模型，包括3个维度，即综合知识、教学能力以及个性特质[7]。

除了对体育教师通用胜任力特征研究外，另有研究工作者针对体育教师总体胜任力水平，高绩效组和普通组的差异，以及不同学历、教龄、性别、职称、

---

① 张长城：《中学体育教师胜任力模型构建与实证研究》，硕士学位论文，福建师范大学，2011。

② 李欣：《中小学体育教师胜任特征模型的构建与检验》，硕士学位论文，华中师范大学，2012。

③ 矫志庆：《智慧校园视域下中小学体育教师胜任特征结构模型的构建》，《吉林体育学院学报》2018年第1期。

④ 刘晓旭：《小学体育教师胜任力模型构建》，硕士学位论文，北京体育大学，2016。

⑤ 陈祖学、曲静：《贵州民族地区中小学体育教师胜任力量表的编制》，《安徽体育科技》2019年第2期。

⑥ 唐旭升：《湖南省永州市农村中学体育教师胜任力及优化路径研究》，硕士学位论文，吉首大学，2021。

⑦ 唐小花、林剑：《中学女性体育教师胜任力模型的构建》，《衡水学院学报》2013年第5期。

地区对教师体育胜任力影响程度展开了分析研究。如周少勇（2012）认为聊城市中学体育教师总体水平离基本符合还有一定差距，不同学历和教龄对体育教师胜任能力水平的影响具有显著性差异，性别对教师胜任能力水平无显著性差异[1]。余建平（2022）研究认为西藏自治区农村中小学体育教师教学胜任力水平不高，教师教龄、职称、编制情况等是影响教师教学胜任力的主要因素，在教学各维度上，胜任水平不同的农村中小学体育教师差异性显著，不同变量水平的农村中小学体育教师教学胜任力表现也存在差异[2]。

此外，还有研究探讨了中小学体育教师胜任力工作绩效、教师效能感之间的关系。徐剑伟（2017）研究认为工作胜任力各维度同工作绩效的各维度之间及工作绩效自我评价之间均存在显著的正相关关系[3]。李宏宇（2021）也认为胜任特征与工作绩效两者之间以及它们各因子间都存在着显著的正向相关性关系[4]。高晓松（2020）认为哈尔滨市中学体育教师胜任力与教学效能感总体呈正相关性，但个性特征是在胜任力与教学效能感关系中唯一出现负相关的维度。影响教学效能感与胜任力水平的因素主要体现在教学经验、学科知识、学生认可度和教师对工作的认可度4个方面[5]。Demir（2015）探讨了土耳其恰纳卡莱省高中体育教师职业人格胜任力与学生性别、学校类型和班级变量之间的关系，通过对17所学校1254名高中生进行研究，并使用体育教师职业人格能力量表教学数据收集，研究发现不同学校类型、班级变量的各子成分差异均有统计学意义[6]。可见，体育教师胜任力与工作绩效、教学效能感呈正相关，即教师胜任力越强，其工作绩效水平和教学自信程度也越高，教学质量也会更高。（表2-15）

---

① 周少勇、马晓：《聊城市中学体育教师胜任力的调查研究》，《科技信息》2012年第19期。

② 余建平、伏祥云、隆仕军等：《农村中小学体育教师教学胜任力分析及提升——基于西藏自治区958名教师调查》，《宁波教育学院学报》2022年第3期。

③ 徐剑伟：《福州市初中体育教师的胜任力、工作绩效及其关系研究》，硕士学位论文，福建师范大学，2017。

④ 李宏宇：《楚雄州高中体育教师胜任特征与工作绩效研究》，硕士学位论文，云南师范大学，2021。

⑤ 高晓松：《哈尔滨市中学体育教师胜任力与教学效能感关系研究》，硕士学位论文，哈尔滨师范大学，2020。

⑥ DEMIR E., "Students' Evaluation of Professional Personality Competencies of Physical Education Teachers Working in High Schools," Online Submission 5, no.2(2015):149-157.

表2-15 中小学体育教师胜任力研究

作者	研究对象与方法	主要研究结论
张长城 （2011）	文献法、调查法、统计法和逻辑分析法等研究方法	中学体育教师胜任力包括科研创新能力、信息收集与学习能力、教学与组织能力、专业知识和个性特征这5个因素。中学体育教师的教学与组织能力、个性特征、科研创新能力、水平相对较高，而信息收集与学习能力、专业知识水平相对较低。
周少勇 （2012）	运用《教师胜任力测验》量表，对聊城市189名中学体育教师胜任能力现状进行调查分析	聊城市中学体育教师总体水平离基本符合还有一定差距。不同学历和教龄对体育教师胜任能力水平的影响具有显著性差异，随教龄与学历的提高，胜任力也有所提高。性别对教师胜任能力水平无显著性差异。绩效优秀组教师在个人特质、关注学生、建立关系、职业偏好、理解他人5个胜任特征方面的测试成绩明显高于绩效普通组。
李欣 （2012）	采用德尔菲、问卷调查、行为事件访谈和实验等研究方法，对中小学体育教师胜任特征研究	中小学体育教师的胜任特征模型包括教学知能、职业素养、专业发展、个人效能、社会适应和学生观念6个因子，共51个指标。
唐小花 （2013）	对中学女性体育教师基本特征进行了分析	构建了中学女性体育教师胜任力的基本理论模型金字塔模型，包括3个维度，即综合知识、教学能力以及个性特质。
刘晓旭 （2016）	核检表法和行为事件访谈法，对小学体育教师进行胜任特征的研究	构建小学体育教师胜任力模型包含8项鉴别性胜任力（专业知识、教学艺术、教学方法与手段、教育理念、理解他人、反思能力、适应性和客观性）、基准性胜任力14项（组织管理能力、自信、技术专长、责任心、团体协作、承受力、稳定的情绪、职业道德、爱心、决策能力、爱岗敬业、因材施教、指导能力和问题解决能力）。
矫志庆 （2018）	文献法、半结构化访谈及开放式问卷调查	中小学体育教师胜任特征结构模型是由知识特征、技能特征、认知特征和内在品格特征4个维度构成。
陈祖学 （2019）	问卷调查和统计法	贵州民族地区中小学体育教师胜任力是由教学能力、职业坚守与沟通交流能力、探索与发现能力、自我反思与学习能力这4个因子组成的多维度结构。

作者	研究对象与方法	主要研究结论
唐旭升 （2021）	以永州市农村中学体育教师胜任力为研究对象,采用文献资料法、问卷调查法、数理统计法等	从5个维度来研究了永州市农村中学体育教师的胜任力现状,即科研创新能力、教学与组织能力、信息收集与学习能力、专业知识、个性特征。体育教师的胜任力水平较低,且层次结构不平衡。性别上不存在显著性差异,职称较高的胜任力明显高于获得职称较低的,教龄较长的体育教师在科研创新能力、个性特征维度上优于教龄短的,不同专项体育教师在科研创新上存在区别。
李宏宇 （2021）	采用文献资料法、问卷调查法、数理统计法和逻辑分析法,以楚雄州9县1市的在职高中体育教师作为调查对象	整体胜任得分水平处于良好。在性别差异中,胜任特征和工作绩效在整体水平以及各维度得分上均不存在差异。在年龄差异中,除个人效能因子外,其他因子维度均存在差异性。在职称差异中,胜任特征与其工作绩效两者之间在整体水平上均存在着显著性差异,并且职称高低与工作绩效的得分水平高低之间有着明显的正相关性。在地区差异中,市区教师工作绩效和胜任特征整体得分高于县级。胜任特征与工作绩效两者之间以及它们各因子间都存在着显著的正向相关性关系。
余建平 （2022）	通过问卷星对西藏自治区958名中小学体育教师问卷调查、课堂观察与深度访谈	自治区农村中小学体育教师教学胜任力水平不高,教师教龄、职称、编制情况等是影响教师教学胜任力的主要因素。在教学各维度上,胜任水平不同的农村中小学体育教师差异性显著。不同变量水平的农村中小学体育教师教学胜任力表现也存在差异。

三、幼儿教师体育胜任力

幼儿教师是幼儿体育活动的组织者和实施者,其体育教育能力水平影响着幼儿体育活动的质量和效果,但是目前我国绝大多数幼儿园还没有专职幼儿体育教师,大部分体育活动的开展是由主班和配班教师进行组织,极个别园所的体育活动开展是由校外培训机构人员或体育院校学生兼职。

在国内,李晶（2011）对沈阳市部分幼儿园教师知识、能力、素质结构现状及学前体育教师的社会需求问题进行调查,研究发现幼儿园体育活动开展情况不够理想,体育活动内容和形式比较单一,活动时间没有达到标准要求。幼儿教师缺少体育教学原理、体育技能类知识。各幼儿园对学前体育人才都有需求[①]。张阳（2017）对长春市幼儿园体育活动调查发现，幼儿园实施幼儿体育课程多为外聘男教师，且未经过专业的培训，其主要原因是幼儿体育教师的专业能力至今都没有一定的规范和能力标准[②]。Chung（2013）通过对161名韩国幼儿教师进行了问卷调查，考察了当前幼儿教师工作胜任力和未来工作胜任力的需求，并进行排序，得到8个通用工作胜任力：检查室内外设施的安全性、管理儿童健康、为教育准备安全清洁的环境、开发教材、设计适合幼儿发展的课程、支持幼儿情绪、参与相关领域的研究、就儿童的发展和问题向家长提供咨询。但是最常见的工作胜任力列表因教师的工作地点而异[③]。鉴于此，为了进一步加强幼儿体育活动的开展，一方面从现有园所教师能力角度出发，提高幼儿教师的体育胜任力，另一方面国家应尽快建立并完善学前体育教育专业学生的培养，满足当前幼儿体育活动的迫切需要。

目前，国内有关教师胜任力的相关研究多数集中在高校或中小学，检索到有关幼儿教师体育胜任力的文献仅有3篇，体现出学前教育领域研究的薄弱性，幼儿教师体育胜任力的研究更是少之又少。一方面由于当前学前教育还没有被纳入义务教育的范畴，另一方面在学前教育阶段职前教师培养过程中，缺少对体育教育教学能力的培养。张晓靖（2020）研究了潍坊市15所幼儿园的幼儿教师体育教学的胜任力，其研究发现潍坊市幼儿教师体育教学胜任力仅处于中等发展水平，幼儿教师体育教学胜任力的可以总结出6个特征：体育教学组织能力、工作品质、运动能力、沟通能力、自我调节能力、健康监控能力。不同的教龄、有无子女、学历三个方面上，幼儿教师在专业体育教学组织能力、工作品质、运动能力、沟通能力、自我调节能力、健康监控能力整体水平上存在显著性差异[④]。王钊（2020）通过研究幼儿足球教师的胜任力水平，提出了幼儿足球教师的胜任力指标模型，这一模型由5个维度、13项胜任力指标、24个题目所构成。5个维度包括个人特质、认知能力、管理与发展、关系建立与影响、成

[①] 李晶：《学前教育专业体育方向人才社会需求与课程设置的研究》,硕士学位论文,沈阳体育学院,2011。

[②] 张阳：《幼儿体育教师专业能力的研究》,硕士学位论文,吉林体育学院,2017。

[③] CHUNG S. A., CHO D. Y., "A study of analyzing the need of early childhood teachers' job competency," Korean Journal of Early Childhood Education 33, no.1(2013):299–321.

[④] 张晓靖：《幼儿教师体育教学胜任力的研究》,硕士学位论文,山东体育学院,2020。

就与行动，并对幼儿足球教师胜任力指标模型进行实证效度检验，该指标模型有效[①]。贾泽宇（2021）认为提高幼儿教师体育教育能力的培养，要以幼儿体育教育理论知识的储备为基础，以幼儿体育教育实践能力的培养为重点，以"幼儿为本"的教育理念为核心，以终身学习能力的养成为落脚点的策略[②]。

综上，幼儿阶段的教育是启蒙教育阶段，幼儿教师体育胜任力的培养与发展将对未来学生体育能力影响至关重要。针对目前我国二胎、三孩政策的实施，将有更多的幼儿进行到学龄前教育阶段，幼儿教师体育胜任力的提高是社会的迫切需要，同时也是幼儿教师专业化发展的必要条件。

/ 第五节 /
胜任力建模方法

胜任力模型的构建总体上有两种方法：归纳法和演绎法。归纳法是一种自下而上的研究方式。通过访谈调研，甄别目标群体中高绩效与一般绩效者在工作中表现出的不同特质，挖掘并归纳出实现绩效优异所需要的个人素质，进而形成胜任力模型。演绎法是一个自上而下的逻辑推理的过程，它主要从企业核心价值观和战略目标等因素推导出目标群体所需要的素质特点，对这些素质整理加工后形成胜任力模型[③]。归纳法的主要方法有行为回顾式调查技术的行为事件访谈法（Behavior Event Interview，BEI）、问卷调查法（Survey）工作情境分析、焦点小组访谈、数据统计分析等。演绎法主要有战略文化演绎分析、高管访谈、头脑风暴、德尔菲法（专家访谈法）、对标分析等。归纳法更多基于优秀人员的共性特征，比较适合技术、技能型人才，而演绎法更多基于员工未来的发展要求，比较适合管理人员。胜任力模型的评价方法有层次分析法（AHP）、

---

① 王钊：《幼儿足球教师胜任力指标模型构建研究》，硕士学位论文，河南大学，2020。
② 贾泽宇、刘海元：《幼儿教师体育教育能力培养研究——基于〈幼儿教师专业标准〉的视角》，《青少年体育》2021年第4期。
③ 曾双喜：《构建胜任力模型的四种方法》，《人力资源》2021年第23期。

模糊综合评价[①]、灰色分析[②]等。目前，根据调查的文献来看，常用胜任特征建模方法主要有行为事件访谈法、问卷调查法、专家访谈法、层次分析法、灰色建模等。

一、行为事件访谈法

胜任力的研究方法的研究最早可追溯到20世纪50年代John Flanagan的研究，他提出了关键事件技术（Critical Incident Technique，CIT）[③]。虽然当时没有提出胜任力的概念，但他确立了一种新的考察个体行为的方法，这也是目前建模过程中得到公认且最有效的方法。该方法类似于绩效考核中的关键事件法，让被访谈者找出和描述他们在工作中最成功和最不成功的3件事，然后详细地报告当时发生了什么。通过对访谈内容进行内容分析，确定访谈者所表现出来的胜任特征，通过对比担任某一任务角色的成绩突出者和表现平平者所体现出的胜任特征差异，确定该任务角色的胜任特征模型。

行为事件访谈法通常借助STAR方法深入引导访谈过程，包括以下四个部分：S（Situation）——描述事件发生的情境，T（Task）——描述面临的任务，A（Action）——描述采取的行动，R（Result）——描述事件的结果。具体而言，就是通过明确的绩效标准选择两组被访者，包括高绩效被访者和一般绩效被访者，然后让被访者回忆并详细描述自己认为的在当前岗位中所经历的最成功的（或是最为满意的）和最失败的（或最为遗憾的）的三件事，被访者需要对每个事件的背景，参与的人员，自己采取的行动，当时的心情和感受，事件的起因、过程和结果等进行完整的描述。访谈结束后，研究者将访谈资料进行整理、编码、分析，以提取和筛选研究的岗位或人群所需要的胜任特征。

Spencer等（1993）人的研究发现，行为事件访谈法（Behavior Event Interview）在胜任特征要素的揭示上更为有效，并发展了一套较为完善的访谈程序

---

① 胡晓军：《高校教师岗位胜任力的评价方法研究及其应用》，《理工高教研究》2007年第3期。

② 党圣鸣、任嵘嵘、邢钢：《基于灰关联的学生管理型教师胜任力评价模型研究》，《西北师范大学学报》（自然科学版）2009年第2期。

③ 罗小兰：《教师胜任力研究的缘起、现状及发展趋势》，《教育理论与实践》2007年第23期。

和编码方法。运用行为事件访谈法建立胜任特征模型的具体步骤包括[1]：

第一，确定绩效标准。理想的绩效标准是"硬"指标，如销售额或利润、获得的专利或发表的文章、客户满意度等。如果没有合适的"硬"指标，可以采取让上级、同事、下属和客户提名的方法。

第二，选择效标样本。即根据已确定的绩效标准，选择优秀组和普通组，也就是达到绩效标准的组和没有达到绩效标准的组。

第三，获取效标样本有关的胜任特征的数据资料。收集数据的主要方法有行为事件访谈（BEI）、专家小组、360°评定、问卷调查、胜任特征模型数据库专家系统和直接观察。目前采用的最主要的方法是行为事件访谈法。

第四，分析数据资料并建立胜任特征模型。通过对所得到的数据进行分析，鉴别出能区分优秀者和普通者的胜任特征。这一步具体包括假设产生、主题分析或概念形成等环节。

第五，验证胜任特征模型。一般可采用三种方法来验证胜任特征模型：一是选取第二个效标样本（分析员事先不知道谁是优秀组或普通组），再用行为事件访谈法来收集数据，分析建立的胜任特征模型是否能够区分第二个效标样本，即考察"交叉效度"；二是根据胜任特征模型编制评价工具，评价第二个样本在上述胜任特征模型中的关键胜任特征，考察绩效优异者和一般者在评价结果上是否有显著差异，即考察"构念效度"；三是使用行为事件访谈法或其他测验进行选拔，或运用胜任特征模型进行培训，然后跟踪这些人，考察他们在以后工作中是否表现得更出色，即考察"预测效度"。

国内胜任力模型建构的研究发现，行为事件访谈法是目前构建胜任力模型最主要且常见的评估方法，主要有仲理峰、时勘（2003）[2]，徐建平（2006）[3]，王强（2008）[4]，卢三妹、朱石燕（2012）[5]，董圣鸿、胡小燕等（2016）[6]，李

---

[1] SPENCER L. M. SPENCER S. M., *Competence at work: models for superior performance*（New York: Wiley, 1993）, pp.222–226.

[2] 仲理峰、时勘：《胜任特征研究的新进展》，《南开管理评论》2003年第2期。

[3] 徐建平、张厚粲：《中小学教师胜任力模型：一项行为事件访谈研究》，《教育研究》2006年第1期。

[4] 王强、宋淑青：《幼儿教师胜任力模型之构建》，《上海教育科研》2008年第4期。

[5] 卢三妹、朱石燕：《体育教师胜任力模型建构研究》，《体育学刊》2012年第4期。

[6] 董圣鸿、胡小燕、余琳燕、王燕：《幼儿教师胜任力研究：基于BEI技术的模型构建》，《心理学探新》2016年第5期。

小娟、胡珂华（2017）[1]，冯旭芳、张桂春（2021）[2]。在国外，这种方法同样得到广泛运用，Boyatzis（1982）认为行为事件访谈法是对关键事件访谈的一种改编，行为事件访谈法可以灵活地发现绩效优秀者与绩效普通者之间的差异[3]。Spencer（1993）同样认为行为事件访谈法能够更有效地甄别和确认胜任特征，并基于多年的研究和实践完善建构胜任力模型的程序和方法[4]。McClelland曾采用行为事件访谈法甄选出优秀杰出的情报信息官所需要的胜任特征[5]。此类研究方法主要通过行为事件访谈（BEI）技术对教师进行实地访谈，通过对关键事件进行主题分析与行为编码，以及对不同绩效（绩优与一般教师）教师胜任特征的差异比较，构建教师胜任力模型。

二、问卷调查法

问卷调查法是通过书面形式，以严格设计的心理测验项目或问题，向研究对象收集研究资料和数据的一种方法。问卷调查法的使用，大大提高了研究的效率，它以简单的形式在短时间内收集到大量的信息，而且可以很好地进行定量分析，经济省时，但是被调查者由于各种原因，如理解、记忆、认知等可能对问题作出虚假或错误的回答，因此问卷的编制需要专业的测量与统计知识、时间和经验。

问卷调查法主要通过设计题目、发放问卷搜集并获得构建胜任力模型所需要的信息。主要通过以下三种形式搜集岗位胜任力，一是对以往研究进行查阅和梳理，或是根据行为事件访谈结果确定问卷题目的结构和内容；二是通过开放式或半开放式问题获得并提取该岗位的胜任力；三是从岗位人员的个人信息、

① 李小娟、胡珂华：《基于行为事件法的高校教师胜任力研究》，《湖南师范大学教育科学学报》2017年第5期。

② 冯旭芳、张桂春：《高职院校教师实践教学胜任力结构模型构建》，《职教论坛》2021年第1期。

③ BOYATZIS R. E., *The competent manager A model for effective performance*（New York：Wiley，1982）.

④ SPENCER L. M., SPENCER S. M., *Competence at work：Models for superior performance*（New York：Wiley，1993）.

⑤ 薛琴、林竹：《胜任力研究溯源与概念变迁》，《商业时代》2007年第31期。

岗位的工作内容等方面出发设计题目[1]。

在国内外教师胜任力研究中，不少研究者运用问卷调查法得到教师胜任特征。Bisschoff 和 Grobler（1998）运用结构化问卷调查了教师胜任特征，得到学习环境、教师专业承诺、纪律、教师的教学基础、教师反思、教师的合作能力、有效性和领导8个胜任特征，最后总结得出二因素模型，即教育胜任力和协作胜任力[2]。王重鸣、陈民科（2002）基于胜任特征的职位分析和国内外有关文献综述，编制了管理综合素质评价问卷，并运用此问卷调查了220名中高层管理者，在此基础上采用因素分析和结构方程模型检验企业高层管理者胜任特征的结构[3]。李英武（2005）等通过自编教师胜任力问卷探索了中小学教师胜任特征的结构维度[4]。王昱（2006）通过胜任特征问卷调查得出高校教师胜任特征，包括7个结构维度[5]。

总体来看，在此类研究方法运用过程中，一部分是采用较为成熟的教师胜任力量表进行调查，而有些研究是自编教师胜任力问卷。在文献调研过程中发现，部分研究并没有进行问卷信效度的检验，有些研究对抽样方法也没有进行详细说明，而直接进行调查，这就对研究结论的可靠性大打折扣。因此，在自编问卷对教师胜任力调查过程中，需要详细说明问卷的信效度、抽样方法等，严格按照问卷调查的程序和要求进行调研。

三、德尔菲法

德尔菲法，也称专家评价法，是召集相关领域的多位专家组成专家组，由专家组对每个胜任特征项目作详细分析、比较和讨论，并阐述自己对该岗位的意见和看法，然后再由专家们经过几轮删除或合并获得胜任特征指标的方法。德尔菲法具有很强的专业性，经过专家小组的多轮评定，既保证了数据收集的科学严谨性，又使得组织者能够从中获取丰富的信息。但这种方法对于专业性

---

① 谭绮薇、张建华:《浅析胜任力模型的构建方法和运用》,《现代医院》2018年第12期。

② BISSCHOFF T., GROBLER B., "The management of teacher competence," Journal of In-service Education 24, no.2(1998):191-211.

③ 王重鸣、陈民科:《管理胜任特征分析:结构方程模型检验》,《心理科学》2002年第5期。

④ 李英武、李凤英、张雪红:《中小学教师胜任特征的结构维度》,《首都师范大学学报》(社会科学版)2005年第4期。

⑤ 王昱、戴良铁、熊科:《高校教师胜任特征的结构维度》,《高教探索》2006年第4期。

的要求很高，而且组织、安排需要花费大量的精力，这在一定程度上限制了此类方法的广泛应用。

采用专家小组意见法，通常会经历三个程序。首先，收集胜任特征项目。在这个阶段，可以选择的方法有文献研究方法（阅读大量相关文献，在借鉴已有的国内外研究成果的基础上，结合研究目的，进行了必要的修正）、深度访谈法（直接对一些研究对象进行较为深入的访谈，征求他们对各胜任特征项目的意见，以保证与实践的接轨）、开放式问卷（在不限制具体范围的情况下，让研究对象写出与工作绩效密切相关的胜任特征项目）。其次，成立专家小组，对收集到的胜任特征项目进行评定。评定的过程往往不是一次完成的，需要多次征求专家小组意见，根据反馈对结果进行修改；同时，专家小组成员的选择是保证该方法信度与效度的重要环节。最后，把专家小组评定后的项目编制成评价量表，对研究对象进行实测，在此基础上对结果进行统计分析，得到相应的胜任特征模型[①]。专家小组讨论法成本较低，能够集中专家的智慧，在短时间内收集大量信息，专家理论水平高，可以提出建设性的意见。

专家小组讨论法的缺点是可获得的专家人数少、组织难，并且实际操作不易。专家小组讨论法常用来建立初步的胜任力模型，讨论编制的调查问卷的有效性[②]。王爽（2021）应用德尔菲专家咨询方式确定规范化护士培训指导教师胜任力评价指标，再应用熵权法确定指标权重系数，基于德尔菲—熵权法构建了规范化护士培训指导，为教师遴选、测评、培训提供依据，从而达到提高指导教师教学能力和培训质量的目的[③]。

四、情景测验法

情景判断测验是人事测评的一种方法，属于模拟测验，是通过模拟一些工作中实际发生或可能发生的情景，要求被试者针对情景中的问题，对相应可能

---

① 贾建锋、赵希男、温馨:《胜任特征模型构建方法的研究与设想》,《管理评论》2009年第11期。

② 牛端:《整合型建模:胜任特征模型构建的一种新方法》,《中国人力资源开发》2009年第9期。

③ 王爽、王冲、李想等:《基于德尔菲—熵权法的规范化护士培训指导教师胜任力评价体系研究》,《中国医院管理》2021年第5期。

的几种反应做出判断的测验①。选出其中最有效（最无效）或被试者最愿采取（最不愿采取）的行为反应或对每一行为反应在有效或无效、最愿意或最不愿意等级量表上评定等级，然后根据被试的判断、评价与选择予以评分，并推论其实有的解决社会工作（生活）问题实践能力水平的测验。情景测验实质上它是心理测验的一种特定测验类型和格式，主要适用于对人们的社会生活与工作实践能力的测量②。

情景测验是胜任特征评价的一种重要的研究方法，因为胜任特征与工作职位是紧密相连的，其评价和测量离不开实际的工作情景。Schmitt 等（2001）认为情景测验能较好地捕捉胜任特征③。采用情景测验方法研究胜任特征是由于情景测验不能单靠纯抽象逻辑推理，所测的东西是实践性智力或智慧，而这恰好符合胜任特征的内涵。情景测验从情景提供方式来看，一般可以分为文字描述、录音口语描述与影视短片展现三种，而现阶段对胜任特征的研究主要采用文字描述式的情景测验④。用情景测验方法研究胜任特征能较好地保证研究问题的实践指向性，因为设置和提供的实践情景与实际胜任特征行为反应选项是相对应的。此外，由于当前情景测验主要是以文字呈现试题，以选、评方式作答，这要比评价中心技术中的公文筐、无领导小组讨论等要更好地施测与评分，测验所能包含的试题个数也要增加很多⑤。Embretson（2003）研究认为情景测验可以较好地测查实践智力、内隐知识，是测量个体胜任特征的良好工具，是重要的评价中心技术⑥。叶茂林（2006）认为这一方法施测操作十分简便高效，但情景测验方法也存在局限，如情景问题并非现实条件下的实际反应，而是对指定的少数行为选项的判断评估，属于在非实际中操作的定向反应⑦。因此，要求使

① 唐素萍：《情景判断测验的开发程序、构思效度及研究趋势》，《心理科学进展》2004年第1期。

② 王沛、董俊花：《人力资源管理中情景判断测验的开发与应用》，《宁波大学学报》2005年第5期。

③ Schmitt N., Mills A. E., "Traditional tests and job simulations: Minority and majority performance and test validities," Journal of Applied Psychology 86, no.3(2001):451-458.

④ 漆书清、戴海琦：《情景判断测验的性质、功能与开发编制》，《心理学探新》2003年第4期。

⑤ 漆书清、戴海琦：《情景判断测验的性质、功能与开发编制》，《心理学探新》2003年第4期。

⑥ EMBRETSON S. E., "The second century of ability testing: Some predictions and speculations" (The Seventh Annual Angoff WH Memorial Lecture, 2003):1-36.

⑦ 叶茂林、杜瀛：《胜任特征研究方法综述》，《湖南师范大学教育科学学报》2006年第4期。

用者具备一定的抽象思维能力，这也限制了情景测验的适用范围。

五、职位分析法

职位分析法又称工作分析法，国外有学者认为职位分析是获得工作具体信息的过程，以决定工作的任务、责任和职责，为人员招聘、培训和人员绩效评价及其他人力资源管理活动提供信息依据[①]。彭剑锋（2003）认为职位分析是人力资源管理的一项核心基础职能，它是一种应用系统方法，收集、分析、确定组织中职位的定位、目标、工作内容、职责权限、工作关系、业绩标准、人员要求等基本因素的过程[②]。顾琴轩（2006）认为职位分析是对有关工作的内容、人员要求和工作中的信息进行收集和系统分析的过程[③]。以上看出，该界定均认为职位分析是为人力资源管理活动提供信息依据以及获得信息的过程。

职位分析的目的是科学、高效地获取组织内有关工作的各种信息，保证人力资源管理决策的正确有效，确保组织目标的全面实现。职位分析是以组织中的职位以及任职者为研究对象，它所收集、分析、形成的信息及数据是有效联系人力资源管理各职能模块的纽带，从而为整个人力资源管理体系的建设提供了理性基础[④]。职位分析对工作主体职工的分析包括对职工年龄、性别、爱好、经验、知识和技能等各方面的分析[⑤]，通过分析有助于把握和了解员工的知识结构、兴趣爱好和职业倾向等内容。职位分析首先分析工作活动和工作流程，同时结合不同岗位的区别进行调整，以实际为依据明确工作流程及相应的工作内容，从而得出该工作中的主要职责及关键角色，对其标准或绩效进行描述，从而识别出相应的胜任力。

文献调研发现，职位分析法除了在人力资源管理领域应用外，在医学管理领域也得到了广泛应用，尤其是对护理岗位的职位分析，为护理职位的聘用、

---

① 罗纳德·克林格勒、约翰·纳尔班迪、孙柏瑛等：《公共部门人力资源管理系统御战略第四版》，中国人民大学出版社，2002，第58-62页。

② 彭剑锋、朱兴东、张成露：《职位分析面临的问题及应对策略》，《中国人才》2003年第7期。

③ 顾琴轩：《职位分析技术与范例》，中国人民大学出版社，2006，第12-17页。

④ 王瑜：《职位分析在公共部门人力资源管理中的运用研究》，硕士学位论文，贵州大学，2009。

⑤ Sanchez J. I., Levine E. L., "The impact of raters' cognition on judgment accuracy: An extension to the job analysis domain," Journal of Business and Psychology 9, no.1(1994):47-57.

薪酬评价、在职培训、绩效考核等提供了依据。苏宁（2003）对北京市某社区卫生服务中心的护士职位进行了职位分析，利用观察法、访谈法等，结合人力需求统计数据分析，测算社区护士职位需求量，对人力资源进行合理配置[1]。逢淑涛（2008）对精神病医院的人力资源管理体系进行了分析，侧重在人才引进及绩效管理方面，对整体的人力资源管理提出了一些对策及建议[2]。张曙（2012）对护理人力资源管理及护理职位分析及绩效管理做了相应的分析，指出应用过程中的误区，提倡合理使用职位分析[3]。张西凡（2015）在构建乡镇卫生院公共卫生人员胜任力模型时，结合农村卫生相关工作的调研经验，分析了国家基本公共卫生服务实施以后乡镇卫生院公共卫生工作的变化，并对具体的工作内容进行了梳理、细化、分类，从而明确了工作相关的胜任力素质[4]。

职位分析法最为突出的特点是关注的焦点在于工作职能本身而不是工作中的个人，它可以深入分析工作的特点和职能的具体要求，方便挖掘更多更具价值的信息。但由于该方法集中于个体的能力，未考虑不同情境的因素，忽视了个人与团队合作所产生的结果[5]。

六、层次分析法

层次分析法（Analytic Hicrarchy Process，简称AHP法）是由美国运筹学家Saaty教授于20世纪70年代初提出的一种简便、灵活的决策数学方法，可以实现由定性到定量的转化，把复杂的问题系统化、层次化。评价指标体系按照总目标、一级指标和二级指标划分为三个不同层次。第一层为综合评价层，第二层为一级评价指标层，第三层为二级指标层，为待评价的对象。同时，为了更加全面地反映各指标对综合评价的影响程度，再利用特定的数学方法计算和确

[1] 苏宁、彭迎春:《基于工作分析的社区卫生服务团队全科医师人力资源配置研究》,《中国全科医学》2013年第17期。

[2] 逢淑涛:《青岛市精神病医院人力资源管理体系的设计》,硕士学位论文,中国海洋大学,2008。

[3] 张曙、陈雪萍:《工作分析在护理中的应用现状》,《健康研究》2012年第4期。

[4] 张西凡:《基于胜任素质模型的乡镇卫生院公共卫生人力资源发展研究》,硕士学位论文,华中科技大学,2015。

[5] 靳瑾、王晓路、瞿长宝等:《卫生领域胜任力模型构建方法综述》,《中国医院》2017年第11期。

定每一层次的因素权重，最后以计量值从高至低排出主次顺序，分析解决内涵实质的中心问题。这种定量分析一般用作对定性分析的补充。

胜任力模型指标权重的计算方法一般是由专家咨询法和层次分析法（AHP法）构成[①]。颜正恕（2015）通过文献查阅、问卷调查和事件访谈（BEI）等，借助探索性、验证性因子分析和 AHP 等方法，构建了包括教学人格、信息素养、晶体能力、教学影响、教学互动和教学管理等 6 个一级因子和 21 个二级因子的高校教师慕课教学胜任力模型和评价体系[②]。谢晔（2010）应用 AHP 和TOPSIS 相结合的方法对民办高校任课教师进行综合评价。应用 AHP 法确定任课教师胜任力模型权重时，评价小组专家采用 1–9 尺度法建立各层成对比较矩阵。然后用 MATLAB7.0 软件分别求出各个成对比较矩阵的最大特征值和其对应的特征向量，经过一致性检验后，将特征向量进行归一化处理，得到 15 个民办高校任课教师胜任力指标的权重[③]。吴树勤（2011）认为各胜任指标是有不同的权重的，因此，应用层次分析法对各指标权重进行分析，是建构高校教师招聘胜任力评价模型的前提[④]。张安富（2016）运用层次分析（AHP）法对高校工科教师的绩效进行评价，并在高校工科教师胜任力测评的基础上对绩效评价与职称评价的关系进行深入分析[⑤]。

七、灰色分析法

灰色系统理论是对部分信息已知、部分信息未知的不确定对象进行量化，通过数据建模实现对系统运行规律的正确描述。利用灰色系统分析方法，能够很好地解决教师胜任力评估面临的"小样本""贫信息"的难题。灰色关联度是事物之间、因素之间关联程度和数量的表现。通过计算关联系数和关联度，可

---

① 刘晶、张祥兰：《高职院校教师胜任力模型研究》，《北京科技大学学报》（社会科学版）2013年第6期。

② 颜正恕：《高校教师慕课教学胜任力模型构建研究》，《开放教育研究》2015年第6期。

③ 谢晔、周军：《民办高校教师胜任力模型及胜任力综合评价》，《高教发展与评估》2010年第4期。

④ 吴树勤：《层次分析法在高校教师招聘胜任力模型建构中的应用》，《科技管理研究》2011年第3期。

⑤ 张安富、刘兴凤：《高校工科教师绩效评价研究的 AHP 方法——兼论基于胜任力的绩效评价与职称评价》，《华北电力大学学报》（社会科学版）2016年第6期。

从整体上或动态上定量分析事物之间的关联程度和影响程度，为确立事物发展变化的主要因素提供数理依据。多层次关联度则是通过关联系数乘以权重系数实现的，权重有机地将各层次联系在一起，最后综合得出评价方案的关联度。在进行灰色多层次决策时，每层次的关联度是权重系数乘以关联系数来实现的。得到一个层次的关联度后，将它作为下一个层次的原始指标，再重复进行求得下一层次的关联度，以此类推直至最高层。

刘光洁（2004）运用灰色理论和方法，提出了灰色层次决策模型，利用该模型对教师素质进行综合评价。将教师素质分为两个层次，第一层包含教师素质和教师状态，其中教师素质又包含工作绩效、专业水平、品德操行，教师状态包含工作意愿和责任感，第二层是这两个维度的再次划分。据此得出包括教师素质（工作绩效、专业水平、品德操行）和教师状态（工作意愿、责任感）在内的教师胜任力模型[①]。Rong（2009）采用灰色关联分析和因子分析建立高校教师能力评价新模型，设计了一个包括18个组成部分和3个维度（认知能力、交往能力和职业素质）的评价指标体系。研究结果为教师能力评价提供了一种可行的方法，它可以作为我国教师选拔、评价和培养的依据[②]。党圣鸣（2009）运用灰色关联分析方法建立了评价模型。研究认为学生管理型教师胜任能力特征包括认知能力、交往互动、专业素养3个维度及17个构成因素[③]。周榕（2014）利用层次分析法确定评估指标的单一权重和组合权重，构建了远程教学胜任力评估指标体系，展示了灰色关联分析和灰色综合评价方法分析群体胜任力排序与等级评定的基本过程，阐释了胜任力评估报告的构成及其含义[④]。刘兴凤（2016）运用多层次灰色关联分析方法对具体高校工科教师的绩效进行了评价，为高校管理者和相关职能部门改进工作提供理论依据，也为高校工科教师

---

① 刘光洁:《灰色决策模型及其在教师素质评价中的应用》,《长春师范学院学报》2004年第2期。

② RONGRONG R., GANG X., "A model for university teaching teacher's competence evaluation based on grey relational analysis and harmony factor"（2009 Second International Conference on Intelligent Computation Technology and Automation, 2009）: 130-133.

③ 党圣鸣、任嵘嵘、邢钢:《基于灰关联的学生管理型教师胜任力评价模型研究》,《西北师范大学学报》（自然科学版）2009年第2期。

④ 周榕:《高校教师远程教学胜任力评估体系构建——基于灰色系统方法》,《电化教育研究》2014年第4期。

队伍建设以及高层次骨干队伍建设提供新的思路与途径①。

综上，由于每种研究方法都有各自的优缺点、适用范围和应用条件，在选择研究方法时还要考虑研究的目的、内容、对象等条件，有针对性地选择相对应的研究方法。从以上研究方法的应用来看，研究者在构建模型和检验模型时，通常不会单一使用某种方法，而更多地选择以某种方法为主、其他方法为辅的方式，或综合运用的方式。在教师胜任力模型构建中，常用的是行为事件访谈法、问卷调查法、德尔菲法和灰色分析。因此，本研究拟采用行为事件访谈法和问卷调查法构建幼儿教师体育胜任力模型，采用德尔菲法对建立的模型进行评价和修正。

/ 第六节 /

研究述评

胜任力的研究自20世纪70年代起，已有50多年的研究史。研究者们从不同的目的、领域、层面、角度、方法等出发进行大量的研究并取得了丰硕的成就，为本研究奠定了较好的基础。在教育领域，教师胜任力的研究成为研究的热点话题。一方面，教师胜任力的高低直接关系着学生的学习效果和教学质量。另一方面，面对日益加剧的国际竞争，教师胜任力的高低也影响着国家对人才培养的质量。总体来看，教师胜任力研究的目的围绕两条线。一是通过胜任力对教师能力进行评价，包括教师的入职、评聘、考核等。为此，不同国家也相应地制定了不同层次类型或不同岗位的教师标准，为教师入职标准提供了理论依据。二是教师专业化发展的需求。教师从职前的培养到入职阶段，再到职后教育，是一个漫长且复杂的过程，不同时期会受到不同因素的影响。虽然前人从教师胜任力的概念、内容结构、特征模型、影响因素、评价模式、建模方法、关系等各方面对教师胜任力进行了各种研究和探讨，并取得了丰硕成果，但是已有的研究还存在一些局限。因此，梳理总结前人关于教师胜任力的研究，对

---

① 刘兴凤:《基于胜任力的高校工科教师绩效评价研究》,硕士学位论文,武汉理工大学,2016。

于后续本研究有着重要的意义。

第一，从研究范围上看，多数研究单方面聚焦于教师胜任力研究，缺乏对胜任力发展过程的研究。目前，多数研究关注胜任力的构成要素、特征及模型的建立，并且主要应用于对教师进行入职前评价，侧重评价教师能与不能的问题。但是教师胜任力研究的主要目的，不仅仅与教师的入职标准有关，而且与入职后的胜任力的发展更为密切，职后教师胜任力的发展更是影响学生学习效果、影响教育教学质量、影响人才培养的重要方面。李玉华和林崇德（2008）的研究发现了国内有关教师胜任力的讨论仅仅停留在某些理论思考和初步建模阶段，缺乏一种从教师专业发展过程和教师人力资源管理全局思考关于教师胜任力的研究和进行建模探索的意识。未来教师胜任力的研究不再是对教师个体胜任力的单方面研究，而是对教师、学校、管理者以及外部环境等影响因素多方面的交互研究和综合研究[1]。王重鸣（2002）认为在管理学领域，缺乏对不同职位类别、不同企业性质、不同职务层次的管理者的胜任力特征作出区分与比较分析[2]。鉴于教师在职业发展的不同阶段，胜任力有所不同，今后应将教师胜任力的研究更多地聚焦于职后教师专业发展上。

第二，从研究内容看，教师胜任力调查研究和特征模型研究居多，而对影响因素及其关系研究较少。通过文献调查发现，目前国内对于教师胜任力的研究，内容上主要集中在教师胜任力特征的调查研究和胜任力特征建模两个方面。在调查研究中，虽然取得了不少成果，但是多数研究通过现有的量表对本省、本市或某些学校进行局部的调查，只有极少数研究是跨省或跨市抽取调查对象，存在调查样本缺乏代表性和数量偏小的问题。在特征模型构建上，多数研究通过问卷调查，从教师素质、专业知识、专业能力三个方面以及若干二级、三级指标构建胜任力特征模型，但是教师的个性方面对进行有效教学、促进学生全面发展等方面非常重要的，缺乏将教师的个性特征要素融入教师胜任力特征模型中的研究。此外，不少研究从整体上研究教师通用胜任力模型，虽然能够总结出教师的总体胜任力特征，但是考虑到教师职业不同学科的差异，应在教师职业工作精细分工的基础上，分别建构处于不同发展阶段、不同发展水平、不同教育阶段、不同学校类型以及不同岗位职责的教师胜任力特征。

---

① 李玉华、林崇德：《国内外教师胜任力研究比较及思考》，《辽宁教育研究》2008年第1期。

② 王重鸣、陈民科：《管理胜任力特征分析：结构方程模型检验》，《心理科学》2002年第5期。

在教师胜任力影响因素及关系研究中，发现国外此方面的研究成果较多，而我国研究相对较少。国外教师胜任力影响因素及其关系研究中，主要集中在个性特征、专业知识、某项教学技能、自我概念（性别、年龄）、自我效能、智力、教师资格、种族、教学环境、工作绩效等方面，而我国主要从心理学方面探讨，包括教师胜任力与职业幸福感、自我效能感、工作绩效等关系的探讨。虽然我国也有一些有关教师胜任力与工作绩效的研究，但开展状况不理想。胜任力研究开展的主要目的是提高教师的工作绩效水平，但是目前多数研究焦点放在了如何构造胜任力特征模型，往往会忽视胜任力要素与绩效之间的内在联系。鉴于此，后续研究中，不能单纯地研究教师胜任力的构成要素及其特征模型，还需要深入探讨其与工作绩效的关系。

第三，在研究方法上，不少研究者在构建教师胜任力模型时，多数研究采用问卷调查法和行为事件访谈法进行建模。但是还存在两个问题，一是关于题项的生成方法有些研究并没有详细论述；二是建立模型后，有些研究缺少对模型的检验。罗小兰（2007）认为目前在开发教师胜任力模型时，题项的生成方法主要通过关键事件编码、以问卷调查的方法请研究对象自述胜任力特征来获得题项，但是关于题项及其生成方法的适用性以及科学性等研究却不多[1]。虽然问卷调查法和行为事件访谈法是胜任力建模的常用方法，不少研究均采用这两种方法建模，但是鉴于每种方法都有各自的优点和不足，例如行为事件访谈法（BEI）是构建初始胜任力的较好选择，问卷调查则是大样本验证模型信效度的较好方法，行为事件访谈法也存在过程复杂、工作量大、无法提取通用性胜任力等不足。有研究表明，扎根理论作为质性研究中非常重要的研究具体方法之一，既是对于构建教师胜任力模型的"行为事件访谈法""德尔菲法""文献法"的强力补充，也是教师胜任力模型修正的重要途径，增强了目前教师胜任力模型构建的科学性和有效性[2]。因此，为了使研究结果有较高的信效度，研究者应深入了解每种研究方法的特点，注重多种方法的综合运用和最优搭配。

另外，在模型建立后，还需要对模型进行修正和检验，以提高模型的信效度。

---

① 罗小兰：《教师胜任力研究的缘起、现状及发展趋势》，《教育理论与实践》2007年23期。

② 徐沛缘、郭绒：《我国教师胜任力研究：阶段/主题与前沿——基于CiteSpace的文献计量学分析》，《继续教育研究》2022年第9期。

李明斐（2004）认为采用多种方法验证胜任力模型[①]。在初步模型建立后，可以进一步通过结构方程模型等方法对该模型进行数据本位的修正。在对模型的检验上，目前对教师胜任力模型的检验主要采用探索性因素分析或验证性因素分析对模型内部结构进行检验。但是教师胜任力受到诸多因素的影响，若增加外部变量，模型的结构和信效度可能会改变，还须研究胜任力模型与这些外部变量的关系。因此，在教师胜任力模型检验方法上还应该进一步地深入探索。

第四，在研究对象方面，教师胜任力研究对象主要集中在高校教师和中小学教师，而以幼儿教师为研究对象的相关研究较少，幼儿教师体育胜任力的研究更少。学前教育阶段也是我国教育体系的重要组成部分，随着二胎、三孩时代的到来，学前教育领域的相关研究逐渐成为研究热点，对于幼儿园教师胜任力的研究也不容忽视。韩娟（2018）梳理了我国近些年有关幼儿教师胜任力的文献，发现在幼儿教师胜任力有关的研究主题上，以胜任力模型的构建为主，较多的研究集中于经验理性层面；同时，其他方向的研究不够深入，实证研究也少有涉及[②]。此外，李海（2020）认为以往的幼儿教师胜任力模型主要倾向于探究幼儿教师的专业知识和技能等外部特征，而影响幼儿教师的外部行为和发展潜力的个体特质也需要进一步地深入地挖掘和探究[③]。因此，后期幼儿教师胜任力的研究上，一方面应加强实证研究，另一方面积极探索幼儿教师外部行为特征和个体特征。这样不仅可以完善幼儿教师胜任力模型研究，还有利于对幼儿教师胜任力模型的推广和应用。

综上所述，本研究将在前人研究的基础上进一步探索和扩展幼儿教师体育胜任力的研究。拟通过行为事件访谈法、问卷调查法、德尔菲法等构建幼儿教师体育胜任力模型，并对模型进行修正和检验，最后对胜任力进行实证研究，完善教师胜任力的相关研究。

---

① 李明斐、卢小君:《胜任力与胜任力模型构建方法研究》,《大连理工大学学报》(社会科学版)2004年第1期。

② 韩娟、赵灿璨、罗小兰:《国内幼儿教师胜任力的研究综述》,《教育现代化》2018年第10期。

③ 李海:《胜任力模型研究综述》,《国网技术学院学报》2020年第4期。

/ 第三章 /
幼儿教师体育胜任力理论基础

本研究利用胜任力相关理论及模型，探讨幼儿教师应具备的体育胜任力，分析由胜任力模型、需求性、教师教育为主要层面的胜任力相关理论，以期为幼儿教师体育胜任力建模提供理论支撑。胜任力模型中的经典冰山模型从人的素质的6个方面构建了冰上和冰下的素质，冰上的素质是容易测量且显性的，冰下的素质是不易测量且隐性的，共同构成了人才招聘时所需的基本素质。洋葱模型在冰山模型的基础上进行了更为深入的研究，展示了素质洋葱模型的层次性，由内到外体现出素质模型的核心要素，其中最核心的是动机和个性特质。马斯洛需求层次理论从5个层级展现了金字塔式的不同的需求，其中最高层级是自我实现的需要，强调人的内在价值和内在潜力的实现是最高级的需求。教师教育理论其本质在于促进教师教育专业化的发展，面对当前学前教育阶段教师的培养、入职及职后培训中的问题，教师教育理论在促进教师专业化发展过程中起到了的作用十分凸显。因此，本章幼儿教师体育胜任力的理论基础主要围绕胜任特征模型（冰山模型和洋葱模型）、马斯洛需求层次理论及教师教育理论进行阐述。

/ 第一节 /
胜任特征模型

美国心理学家吉尔福德（Guilford）认为胜任特征模型描绘了能够鉴别绩效

优异者与绩效一般者的动机、特质、技能和能力，以及特定工作岗位或层级所要求的一组行为特征①。仲理峰、时勘（2003）认为胜任特征模型是针对特定职位表现优异要求组合起来的胜任特征结构而建立的胜任特征模型。它是人力资源管理与开发理论和实践研究的逻辑起点，是一系列人力资源管理与开发技术，如工作分析、招聘、选拔、培训与开发、绩效管理等的重要基础②。目前，国内外的研究者普遍认可并应用的胜任力理论模型主要包括两种——胜任力冰山模型和洋葱模型③。

1973年，麦克利兰（McClelland）提出胜任特征的"冰山模型"（图3-1）。该模型引用冰山的意象描述人的素质，将人的素质分为水面之上的和水面之下的两个部分。"冰山水面以上"的部分就是表象特征，属于显性能力，主要包括知识和技能，这些技能是容易被感知和测量的，也容易改变和发展的。"冰山水面以下"的部分是潜在特征，属于隐性能力，主要包括社会角色、自我概念、特质和动机，是内在的、难以测量的部分，这部分特征越到下面越不容易被挖掘与感知。隐性能力很难受到外界的影响，但往往对人的行为表现起着决定作用。冰山模型通常也被认为能力素质模型，素质又叫胜任特征，是指能将某一工作中成就卓越与成就一般的人区别开来的深层特征。从根本上影响个人绩效的是素质（Competency），具体来说就是类似"成就动机""人际理解""团队影响力"等因素。

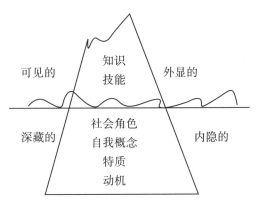

图3-1　冰山模型

---

① 王怀明：《组织行为：理论与应用》，清华大学出版社，2014。

② 仲理峰、时勘：《胜任特征研究的新进展》，《南开管理评论》2003年第2期。

③ 王滨：《科技型中小企业自主创新的内外部条件研究》，硕士学位论文，武汉大学，2012。

美国学者博亚特兹（Richard Boyatzis）在深入研究与讨论冰山理论后，进一步提出了"素质洋葱模型"（图3-2）。洋葱模型是把胜任素质比喻为洋葱，由内到外层层概括，最内层是最核心的素质，是个性与动机，次外层概括为价值观与态度，最外层是知识和技能。由内层向外层，越易于培养和评价。该模型展示了素质构成的核心要素，并说明了各要素的特点。

图3-2 素质洋葱模型

胜任力洋葱模型是从其他角度出发对冰山模型的另外一种诠释，胜任特征从表层容易发展和习得的特征到内层不容易发展和习得的隐性特征，由外及里地层层递进、深入[①]。洋葱模型的最外层（知识和技能）对应的是冰山模型的水上部分，洋葱模型最里层对应冰山模型水下最深部分。洋葱模型次外层则对应冰山模型水下浅层部分。

同冰山模型相比，洋葱模型增加了态度和价值观这一维度，将胜任力由原有的两个维度划分为三个维度，胜任特征也由外向内越来越稳定。但两者的内核都一样，都强调核心素质或基本素质。相较而言，洋葱模型更突出胜任力的层次性，对胜任力结构解读得也更完整、全面，不仅能够层层递进地展现胜任力的差异，还能表述出胜任力各要素培养的难易程度。洋葱模型更突出说明素质之间的关系。

本研究依据胜任力冰山模型和洋葱模型，拟将幼儿园教师体育胜任力分为体育专业知识、体育教学能力、职业态度以及个人特质这四个维度，其中体育

---

① 彭剑峰、荆小娟：《员工素质模型设计》，人民大学出版社，2003。

专业知识和体育教育能力属于冰山模型中可见的、外显的特征，而职业态度和个人特质属于冰山模型中隐性特征。职业态度属于洋葱模型中的态度，个人特质属于洋葱模型中的个性与动机。

/ 第二节 /
需求层次理论

美国心理学家亚伯拉罕·马斯洛（Abraham Harold Maslow）批判性地继承了弗洛伊德精神分析理论和沃森的行为主义，在1943年出版的著作《人类激励理论》中提出了著名的"需要层次论"。该理论认为可以将人类需求像阶梯一样从低到高按层次分为五种需要系统，分别是生理需求、安全需求、社交需求（归属与爱的需要）、尊重需求和自我实现需求[①]。需求层次理论是马斯洛早期所接触的行为主义、弗洛伊德学说在逻辑上的延伸。

马斯洛需求层次理论是心理学中的一种动机理论，通常以金字塔的形式来表现人类的五个不同的内部需求模型。在最低端是生理需求，中间层有安全需要、归属和爱的需要、尊重的需要，最顶端是自我实现需求。马斯洛认为一个人必须先满足较低水平的需求，然后才能继续满足较高水平的需求，需求的变化像金字塔一样层层递增[②]。

马斯洛把人的需要分为两种类型——"匮乏性需要"和"成长性需要"。"匮乏性需要"包括生理需要、安全需要、归属和爱的需要、尊重的需要，这些需要完全依赖外界满足。"成长性需要"指不回避挑战，甚至刻意追求挑战，不回避紧张状态，甚至刻意保持适度的紧张状态。"成长性需要"被自我实现的趋向所激发。它是最高层次的需求，包含了认知理解和审美需要。需求层次理论认为人的这五种需要像阶梯一样，按层次逐级递升，一般情况下，当某种低层次的需要得到满足之后，就会向高层次的需要发展，在某种程度上符合人类需

---

① 马斯洛：《动机与人格》，许金声、程朝翔译，华夏出版社，1987，第88页。

② 周启清、杨建飞：《金融发展与城乡收入差距——基于我国省级层面经济发展水平门槛变量的分析》，《数学的实践与认识》2019年第22期。

要发展的一般规律。在同一时期，一个人可能有几种需要，但每一时期总有一种需要占支配地位，对行为起决定作用。任何一种需要都不会因为更高层次需要的发展而消失。各层次的需要相互依赖和重叠，高层次的需要发展后，低层次的需要仍然存在，只是对行为影响的程度大大减小。（图3-3）

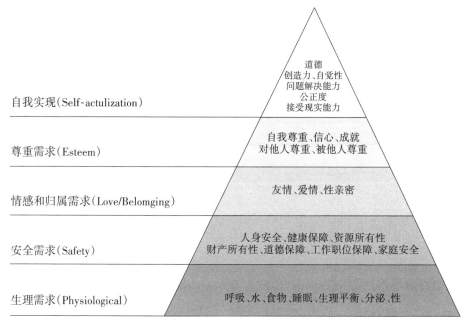

图3-3　引自马斯洛需求层次理论

对于幼儿来讲，在马斯洛需求层次中的安全需求、社交需求、尊重需求和自我实现都与幼儿密切相关。不少幼儿常常因为在学校被同学欺负或受到老师不公平的对待，而变得情绪紧张、性格孤僻、彷徨不安、不愿交流。常常由于缺乏安全感和情感支持而变得不愿去幼儿园，不敢融入集体生活，不相信老师和周围同学，不能积极表现自己，不敢拥有社交生活，因为他认为社交是危险的，而借此保护自身安全。有时候由于被其他同学欺负，或得不到他人对自己的认可与尊重，导致尊重需求的缺失，进而导致自我实现需求不能满足，无法发挥潜能。在这样一个恶性循环中，幼儿越是得不到安全需求、社交需求、尊重需求和自我实现的需求，就会越容易产生悲观情绪、厌学心理、社交障碍等，最终致使他们在学前教育阶段没有接受应有的良好教育，抹杀了孩子的安全感、社交能力、情感需求及潜能发展。相反，在幼儿教师保教过程中，如果教师能及时洞察孩子的各种需求，并采用相应的各种措施和方法（如鼓励、表扬、奖励、安慰、激励等）满足孩子们的多种需求，可能将会促进幼儿身心的全面发展。因此，教师在幼儿成长阶段，对于幼儿多种需求的满足方面起到十分重要的作用。

／第三节／

教师教育理论

教师教育是在终身教育思想指导下，按照教师专业发展的不同阶段，对教师实施职前、入职和职后培训等一体化的教育过程，是教师培养和培训的统称。从概念的内涵上讲，"教师教育"包含两层意思，一是对教师进行教育，主要是指教师职后培训或继续教育；二是关于教师的教育，主要指教师的职前培养和职后培训[①]。

教师教育的最终目的在于促进教师教育专业化的发展。"专业"概念是因应社会分工细化而产生的，专业因其重要性及与其他职业间的差异性而享受特殊权利、权威和社会地位[②]。由于教师专业的独特性，决定了教师必须具备专业伦理、专业知识和能力等专业素养。教师要深刻认识到应该学什么和怎么学的问题，才能不断地提高自我能力与综合素养。同时，决策层要为教师创造学习和提高的机会。教师专业化的实现需要长期训练，从而系统地培养其专业知识、能力，并实现师德的养成。

习近平总书记在同北京师范大学师生代表座谈时的讲话中提出好老师的四条标准，即有理想信念、有道德情操、有扎实学识和有仁爱之心，这四条既是教师作为专业工作者的内在属性，也是教师专业化发展的必然要求[③]。习近平总书记着重提出要加强教师教育体系建设，从体系现存问题出发"寻求深化教师教育改革的突破口和着力点，不断提高教师培养培训的质量"。教师教育作为专

---

① 李子华：《教师教育：改传授模式为反思模式》，《教育与现代化》2002年第4期。

② 林京霈：《新教师专业主义意涵之检视》，《中等教育》2008年第1期。

③ 宋萑：《教师教育专业化与教师教育体系建设》，《国家教育行政学院学报》2022年第7期。

业教育的前提，是教师所从事的教育教学工作是一门专业性职业，而教师教育自身的专业性，即教师教育工作成为一项不可替代的专业性职业，是教师教育作为专业教育的根本保障。依循专业性职业的必备条件，教师教育所独有的知识技艺与道德情操便是其专业性的核心体现①。教师教育者专业化已经成为国际学界的共识，不少国家也出台相关专业标准。教师教育者不仅要在所教的内容层面有精深钻研，更要为未来教师示范出优秀的教育教学实践。

教师教育是教师专业发展和提高专业素养的重要路径，是我国教师战略发展的主要方向。教师教育其实质是培养教师的社会实践活动。洛克伦（2018）认为教师教育是教师专业化的过程，教学实践活动的核心是"教"，是教师的教和学生的学的互动过程②。但是目前常常听到社会对大学培养的教师人才的质疑声音越来越多。一方面是在职前培养阶段中教师教育未能让师范毕业生有充足的准备来胜任其教师工作，另一方面在职后教育阶段中部分教师职后教育的缺失。这两个原因导致一些教师无法满足教育教学工作的要求，严重阻碍了教师专业化的发展，影响了教育教学的高质量发展。

在学前教育体系中，建设一支高质量的幼儿教师队伍，既是学前教育事业健康发展的重要构成和现实需求，也是学前教育事业持续发展的有效前提和根本保证。改革开放40年来，国家随着学前教育事业发展稳步推进。具体表现在重视幼教师资规划、强化专业发展引领、注重学前继续教育、提升幼儿教师素养、关注幼儿教师地位、提升幼儿教师待遇、完善学前管理体制、加大学前经费投入方面③。国家通过不断搭建利好平台，接连出台相关政策，保障教师权益，持续关注幼儿教师队伍建设。2010年，国家颁布了《国家中长期教育改革和发展规划纲要（2010—2020年）》，要求严格执行幼儿教师资格标准，切实加强幼儿教师培养培训，提高幼儿教师队伍整体素质，依法落实幼儿教师地位和待遇。同年11月，国务院下发了《国务院关于当前发展学前教育的若干意见》，要求"多种途径加强幼儿教师队伍建设"。教育部在2012年颁布了《幼儿园教

① 杨跃：《"教师教育专业化"，何以可能？——关于"教师教育专业"建设的一种"另类"思考》，《教师教育研究》2020年第6期。
② 约翰·洛克伦：《专家型教师做什么：提高课堂实践的专业知识》，李琼、张弘治译，华东师范大学出版社，2018。
③ 田涛：《改革开放40年幼儿教师队伍发展的回顾与展望》，《四川师范大学学报》（社会科学版）2019年第1期。

师专业标准（试行）》，该《专业标准》的基本理念是师德为先、幼儿为本、能力为重和终身学习。2018年11月，《中共中央 国务院关于学前教育深化改革规范发展的若干意见》指出，要大力加强幼儿园教师队伍建设。此外，在国际上，经济合作与发展组织（OECD）在2020年11月发布了《建设高素质幼儿教育和保育队伍报告》，该报告从学前教师的培训、工作条件、职业幸福感，以及学前教育机构的领导力和管理实践几个维度详述了OECD国家学前教师队伍的发展样态[1]。可见，无论在国内还是在国外，国家都十分重视学前教育事业的发展，尤其是幼儿教师队伍的发展。

近些年，我国在学前教育不断地深化改革，有力推动了幼儿教师队伍建设和发展。在教师队伍建设上主要取得了3大成就：幼儿教师素养逐步提高，幼儿教师队伍结构日趋完备，幼儿教师队伍建设政策日益健全[2]。虽然在幼儿教师教育方面取得了长足进步，但是也应该清楚地了解到幼儿教师专业化发展过程中还存在诸多不足。在职前培养体系中，存在3大主要问题，一是专业理念欠缺且专业求职意愿不强，二是专业性知识掌握较强而通识性知识重视不够，三是基本专业技能具备但组织活动能力较弱[3]。在幼儿教师职前体育教育能力培养中，还存在体育教育语言表达能力不足、教学理论与实践结合不够紧密、体育游戏活动中教学方法及评价形式单一、户外体育活动中理论教学略显薄弱、幼儿远足活动领导能力及安全意识的培养缺乏理论指导、系统性不足等问题[4]。这些问题的解决，需要进一步深化和完善教师教育体系，树立教师教育一体化理念，加强教师师德修养，拓展专业知识储备，强化专业技能应用。相信在不久的将来，在教师教育理论的指导下，我国幼儿教师教育定会取得更丰硕的成果，幼儿教师专业化水平会进一步显著提升。

① 钟秋菊、张一春、兰国帅：《国际学前教师队伍建设：样态透视与经验启示——基于OECD〈建设高素质幼儿教育和保育队伍报告〉的解读》，《现代教育管理》2022年第1期。
② 曲铁华、张妍：《我国幼儿教师队伍建设的历程、成就与展望》，《河北师范大学学报》（教育科学版）2020年第2期。
③ 李学杰：《幼儿教师专业素质的职前培养》，《教育评论》2014年第9期。
④ 燕飞：《我国幼儿教师入职前体育教育能力培养研究》，《体育文化导刊》2016年第8期。

/ 第四节 /
研究小结

本研究中主要以胜任特征模型（冰山模型和洋葱模型）、马斯洛需求层次理论及教师教育理论作为理论基础，这些理论作为指导幼儿教师体育胜任力的基础理论，为本研究做好幼儿教师体育胜任力模型的构建打下基础和提供有力的理论支撑。

胜任特征中的冰山模型将人的素质分为水面之上的和水面之下两个部分。"冰山水面以上"的部分就是表象特征，属于显性能力，主要包括知识和技能，这些技能是容易被感知和测量，也容易改变和发展。"冰山水面以下"的部分是潜在特征，属于隐性能力，主要包括社会角色、自我概念、特质和动机，是内在的、难以测量的部分，这部分特征越到下面越不容易被挖掘与感知，较少地与工作内容直接相关，它们是经过长期外部环境与内在修养而逐渐形成的，具有相对稳定的特征，不易被测量，但是在现实工作岗位上的行为与表现发挥着重要作用。任何一个岗位的胜任力，均包括冰山上和冰山下两部分，共同构成了岗位胜任力的完整结构。洋葱模型展示了员工素质构成的核心要素，其主要特点是清楚地呈现了不同层次的特征要素，对核心要素的特征的内隐和外显的程度进行相应的划分。外层中的知识、技能等要素易于获得和评价，是最外显的、浅层的特征。内层的个性和动机等要素则不易获得和评价，是最为内隐、深层的特征，越难以改变。冰山模型与洋葱模型所要表达的本质内容是一样的，都是将员工胜任特征要素进行不同程度的划分。通过冰山模型清晰明了地了解到员工胜任特征外显与内隐特征，洋葱模型对胜任力特征的表述更突出其层次性。对于幼儿教师体育胜任力而言，胜任特征中外显的同样是幼儿保教相关知识和技能，内在特征主要是教师的价值观、态度、我自认知、个性、动机等要素。

马斯洛的需求层次理论把需求分成生理需求、安全需求、情感和归属需求、尊重需求和自我实现需求五类，反映了人的需要从低到高的发展趋势，也反映了需要和行为之间的关系。这五种需要可以分为高低两级，其中生理需求、安全需求、情感和归属需求都属于低一级的需求，这些需求通过外部条件就可以满足，而尊重的需求和自我实现的需求是高级需求，他们是通过内部因素才能满足的。任何人都潜藏着这五种不同层次的需要，在不同的时期，人的需求是不一样的，需求的迫切程度也不一样。在同一时期，一个人可能有几种需求，但每一时期总有一种需求占支配地位，对行为起决定作用。这五个需求层次之间，层次越低的需要出现得越早，层次越高的需要出现得越晚。人最迫切的需要才是激励人行动的主要原因和动力。从幼儿角度来讲，幼儿对于生理需求、安全需求、情感和归属需求愿望较为强烈，对于一名优秀的幼儿教师来讲，除了基本的生理需求、安全需求、情感和归属需求外，尊重的需求和自我实现的需求这种高级需求可能更强烈。

教师肩负着教书育人的重要责任和使命，教师教育对于教师职业道德的培养、教师教育观念的更新、教师专业素质的提高都起到积极的推动作用。随着经济社会的不断快速发展，教育领域中的教育思想、教育对象、教育技术、教学环境、教学手段与方法等也呈现出日新月异的局面。因此，只有不断地加强职前的培养和职后的培训与学习，才能不断提高教育教学水平和能力。面对教育领域的变革，国家积极行动和措施，通过顶层设计不断出台加强教师队伍建设，推动教师教育改革发展，全面提升教师素质。然而，针对当前教师教育体系的不完善以及教育资源分配不均衡，导致部分教师的职业道德和素养偏低，教师职后培训不够全面系统，尤其是部分中小学和幼儿园教师无法获得高质量的职后培训，造成了教师的教育教学水平参差不齐，严重影响着学生的发展。幼儿教师作为幼儿心智启蒙的第一人，对于幼儿身心健康发展起到举足轻重的作用。因此，有必要抓住职前培养和职后培训两个重点，两条腿走路。一是不断优化幼儿园教师培养课程体系，突出保教融合，科学开设儿童发展、保育活动、教育活动类课程，强化实践性课程，培养学前教育师范生综合能力。二是建立幼儿园教师全员培训制度，创新幼儿园教师培训模式，提升幼儿园教师科学保教能力。通过以上两个方面切实提升幼儿教师的思想政治素质、师德师风、专业素养。培养一批热爱学前教育事业，以幼儿为本、德才兼备、擅长保教的高素质幼儿园教师队伍。

| 第四章 /
幼儿教师体育胜任力模型构建

　　幼儿教师体育胜任力与教师胜任力、不同类型学校教师胜任力及不同学科教师胜任力有着一定的联系和区别。因此，只有摸清幼儿教师体育胜任力特征，才能使构建的模型更具科学性。本章的研究思路可以分为以下四个步骤。首先是幼儿教师的职业需求分析。在需求层次理论、教师教育理论等理论的指导下，通过文献资料法梳理幼儿教师职业特点，了解他们的工作职责和内容，总结他们在工作中的胜任力要素。其次是初步建立幼儿教师体育胜任力辞典。采用文献资料法搜集资料，全面识别幼儿教师体育胜任力特征，通过专家访谈和问卷调查提取胜任力词条。再次是补充和完善幼儿教师体育胜任力辞典。为了补充和完善幼儿教师体育胜任力辞典，采用行为事件访谈法对幼儿教师体育胜任特征进行文本分析，摸清幼儿教师体育胜任力的鉴别性胜任特征和基准性胜任特征。最后是幼儿教师体育胜任力初始模型内涵阐释，包含每项胜任力特征的定义、核心问题，以及每个特征划分的各行为等级及解释（图4-1）。

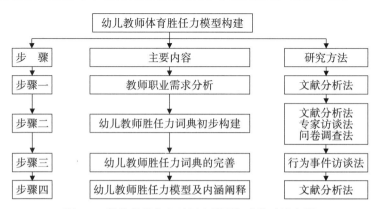

图4-1　幼儿教师体育胜任力模型初步构建流程图

/ 第一节 /

幼儿教师职业需求分析

随着我国经济社会的快速发展，新时代背景下我国幼儿教育也面临着新的机遇和挑战，对幼儿教师也提出了新的要求和期望。共同保育好幼儿，使幼儿"五育并举"，确保每位幼儿身心和谐全面发展，这不仅仅是学前教育的重要任务，更是幼儿老师的首要责任。学龄前阶段的教育属于启蒙教育，鉴于幼儿的可塑性，幼儿教师需要帮助幼儿获得有益的、正确的、终身发展的学习经验和生活经验。幼儿教师在教育过程中扮演的角色不仅是知识技能的传授者，而且是幼儿学习生活的引导者、支持者、合作者。

幼儿教师的基本工作职责和工作内容既繁杂又细致，不仅需要幼儿教师遵守国家、教师和园所的各项规章制度，具备正确的教育观和儿童观，具有幼儿教育相关的技能技巧，而且在幼儿教育中还应坚持保教并重的原则，兼具保育的职责，对幼儿进行家庭教育指导以及日常生活的照料。了解幼儿教师的日常工作和岗位职责是确定幼儿教师体育胜任特征的重要前提。（表4-1）

表4-1 幼儿教师主要工作职责和工作内容

序号	主要工作职责和工作内容
1	忠诚党的教育事业,全面贯彻党的教育方针,坚持保教并重的原则,认真贯彻执行《幼儿园工作规程》《幼儿园教师专业标准(试行)》和《幼儿园教育指导纲要》,负责本班的全面教养工作,促进幼儿在德、智、体、美、劳的全面协调发展。
2	树立正确的儿童观、教育观,热爱幼儿、尊重幼儿,对幼儿做到关心、细心、耐心,不偏爱,坚持正面教育,严禁体罚和变相体罚。
3	结合本班幼儿的特点和个体差异及时制订好各类教育工作计划,制订班级教育工作计划,并有计划有秩序地组织实施。
4	通过多种渠道参加各种教研活动和业务进修学习,不断提高政治觉悟和业务水平。
5	科学、合理地安排幼儿一日活动,认真执行幼儿园各项教育常规及幼儿园安全、卫生保健制度。定期进行总结,不断提高工作质量。

续表4-1

序号	主要工作职责和工作内容
6	在幼儿的成长过程中,观察、分析并记录幼儿的发展情况,做好各项活动的记载和效果记录,保证根据每个孩子的特点因材施教。
7	为幼儿创设良好的物质和精神环境,发挥环境教育作用。密切关注幼儿的各项活动及需求,及时提供适当的指导。注意幼儿安全,预防事故发生。
8	引导幼儿主动学习,认真参与园本课程建设,探求符合幼儿年龄特点的教学方法。
9	管理本班幼儿生活,做到保教并重,培养幼儿良好生活卫生习惯,减少各种疾病的发生。
10	通过多种途径与幼儿家长保持密切联系,了解幼儿家庭教育情况,与家长商议符合幼儿特点的教育措施,共同配合完成教育工作。
11	定期向园所领导汇报工作,接受其检查和指导。

目前,在职前培养阶段,多数学前师范学院或幼儿师专学校较为重视语言、社会、科学、艺术领域的发展,而在健康领域中要求让幼儿喜欢参加体育活动,动作协调、灵活这一目标却往往被忽视。不少幼师学校在教学课程设置中并未考虑到幼儿体育相关课程,并且由于多数幼儿专科学校中女生占有较大比例,多数女生缺乏对体育的兴趣和学习,这就导致幼儿体育在学前教育阶段的"盲区"。

为了缓解幼儿教师体育胜任力的不足,个别体育类院校也相继开展了幼儿体育专业或方向,但是在培养数量上远远无法满足教育的需求,导致幼儿体育专业教师紧缺。部分幼儿园则外聘幼儿体育培训机构的老师进行授课,但是此部分老师懂体育而不懂学前教育相关知识和技能,直接影响着幼儿身心健康的高质量发展。由于目前绝大多数幼儿体育活动主要还是由幼儿园的普通教师承担,因此,幼儿体育教育质量的提高还是应该将重点放在幼儿教师体育胜任力的培养上。

幼儿教师是幼儿体育活动的组织者和实施者,其体育教育能力影响着幼儿体育活动的质量和效果。目前幼儿园体育教学内容主要分为三方面,一是基本动作及游戏,主要包括走、跑、跳、投掷、爬、攀登、平衡等,在练习过程中主要通过游戏进行,也是幼儿园体育教学中最主要的活动内容;二是基本体操和队列队形,基本体操包括徒手体操、轻器械体操、模仿操,主要通过身体练习完成摆动、屈伸、转体、绕环、跳跃等基本动作；三是手持的小型运动器械与游戏，主要是利用各种软式球、沙包、跳绳、棍棒、皮筋等进行游戏活动。

/第二节/
初构幼儿教师体育胜任力辞典

一、从文献中提取胜任力词条

在对幼儿教师职业需求、工作职责和工作内容了解后，为了整合幼儿教师体育胜任力要素，通过对教师体育胜任力34篇相关文献进行分析，包括高校体育教师胜任力特征（表4-2）的10篇文章、中小学体育教师胜任力特征（表4-3）12篇文章、幼儿教师胜任力特征（表4-4）12篇文章。经过统计筛选，总结梳理出182条教师体育胜任力特征的相关词条。参考刘鎏[1]、邱芬[2]等专家对于胜任特征模型研究中胜任要素的提取方法，将重复、关联度低、多余的词条等进行合并或删除。根据Spencer编写的通用胜任特征辞典、徐建平的教师胜任力编码辞典、段华平的师范大学教师胜任力辞典，结合幼儿教师工作性质及职业特点，初步获得66项胜任力要素，作为幼儿教师体育胜任力辞典的主要内容（表4-5）。

表4-2　高校体育教师胜任力特征研究

作者	对象与方法	主要研究结论
申齐 （1999）	使用文献资料法、层次分析法、专家咨询法对高校体育教师素质进行调查	高校体育教师素质受思想品德、业务素质、工作实践、兼职工作4大结构影响，每个结构又包含若干因素，共17项指标。

① 刘鎏、王斌、时勘等：《基于胜任特征模型的我国教练员素质研究》，《北京体育大学学报》2007年第1期。

② 邱芬：《我国专业教练员胜任特征的模型建构及测评研究》，硕士学位论文，北京体育大学，2008。

续表4-2

作者	对象与方法	主要研究结论
祝大鹏（2010）	以高校体育教师、高校师资管理部门领导、高校体育专业学生为调查和访谈对象	构建由20个胜任特征组成的普通高校体育教师胜任特征模型，自信、责任心、专业技能、调动积极性、反思能力、终身学习、明确的发展目标、创造性、关注细节9个因素能够较好地解释高校体育教师胜任力模型。
田广（2014）	采用模糊数学原理、层次分析法	高校体育教师胜任力评价体系包括社会责任、职业道德、基础知识、专业知识、心理品质、工作行为、科研能力7个指标。
姚桐（2016）	采用层次分析法（AHP）和逼近理想解的排序法。在TOPSIS的基础上，构建AHP—TOPSIS综合评判指标体系模型	构建了5个维度17项指标，5个维度包括工作态度、知识技能、课程设置、创新能力以及团队合作能力。
邢中有（2017）	以河南省高校为调查对象，发放调查问卷	构建了高校公共体育教师胜任力模型，包括综合知识、教学能力以及个性特质3个维度。
刘映海（2017）	采用行为事件访谈，以普通高等学校体育教师和普通高等体育院校体育教师为调查对象	高校体育教师胜任特征模型包括8个因子：教学策略、批判思维、创新、成就、专注、逻辑分析、尊重和社会服务意识。
李丹（2019）	采用问卷调查、数理统计法，东部、中部、西部各选择3所高校共9所高校，以其公共体育教师为调查对象	我国高校公共体育教师胜任力的5个构成因素，教师教学技能对高校公共体育教师胜任力有直接的、正向的作用，并且其作用最为显著，其次依次是教师职业认知、教师知识能力、教师特征、教师个性。
何月冬（2020）	以四川省普通高校排球教师为研究对象，采用调查问卷、德尔菲法对15位优秀排球教师进行调查	四川省普通高校排球教师胜任力模型由5个维度和24个胜任特征构成，5个一级指标权重分别为理论与知识（0.1737）、教学与训练（0.2053）、科研与创新（0.3795）、个人特质（0.1275）、职业认知（0.1140）。
黄书朋（2021）	采用文献资料法、逻辑分析法、归纳法等，以高校体育教师胜任力为研究对象	高校体育教师胜任力评价指标包括完善的知识体系和扎实的技能、与时俱进的思维认知和理解能力、组织管理与创新能力。
牛莉莉（2022）	采用文献资料法、专家访谈法、德尔菲法、层次分析法、问卷调查法，以高校体育舞蹈教师为研究对象	构建了含有5个一级指标、13个二级指标、47个三级指标的新时代高校体育舞蹈教师胜任力指标体系。5个一级指标包括知识结构、能力结构、职业认知、师德修养、角色定位。

表4-3　中小学体育教师胜任力特征研究

作者	研究对象与方法	主要研究结论
张长城 （2011）	采用文献法、调查法、统计法和逻辑分析法等研究方法	中学体育教师胜任力包括科研创新能力、信息收集与学习能力、教学与组织能力、专业知识和个性特征这5个因素。中学体育教师的教学与组织能力、个性特征、科研创新能力、水平相对较高，而信息收集与学习能力、专业知识水平相对较低。
周少勇 （2012）	运用《教师胜任力测验》量表，对聊城市189名中学体育教师胜任能力现状进行调查分析	聊城市中学体育教师总体水平较差。学历和教龄对体育教师胜任能力有显著影响，而性别无显著性影响。绩效优秀组教师在个人特质、关注学生、建立关系、职业偏好、理解他人5个胜任特征方面优于普通组。
李欣 （2012）	采用德尔菲、问卷调查、行为事件访谈和实验等研究方法，对中小学体育教师胜任特征进行研究	中小学体育教师的胜任特征模型包括教学知能、职业素养、专业发展、个人效能、社会适应和学生观念6个因子，计51个指标。
唐小花 （2013）	对中学女性体育教师基本特征进行了分析	构建了中学女性体育教师胜任力的基本理论模型金字塔模型，包括3个维度，即综合知识、教学能力以及个性特质。
刘晓旭 （2016）	采用核检表法和行为事件访谈法，对小学体育教师进行胜任特征的研究	构建小学体育教师胜任力模型包含8项鉴别性胜任力（教学方法与手段、教学艺术、反思能力、专业知识、教育理念、理解他人、适应性和客观性）基准性胜任力14项（组织管理能力、自信、技术专长、责任心、团体协作、承受力、稳定的情绪、职业道德、爱心、决策能力、爱岗敬业、因材施教、指导能力和问题解决能力）。
矫志庆 （2018）	采用文献法、半结构化访谈及开放式问卷调查	中小学体育教师胜任特征结构模型是由知识特征、技能特征、认知特征和内在品格特征4个维度构成。
陈祖学 （2019）	采用问卷调查和统计法	贵州民族地区中小学体育教师胜任力是由教学能力、职业坚守与沟通交流能力、探索与发现能力、自我反思与学习能力这4个因子组成的多维度结构。
唐旭升 （2021）	以永州市农村中学体育教师胜任力为研究对象，采用文献资料法、问卷调查法、数理统计法等	从5个维度（即科研创新能力、教学与组织能力、信息收集与学习能力、专业知识、个性特征）研究了永州市农村中学体育教师的胜任力现状。体育教师的胜任力水平较低，且层次结构不平衡。性别上不存在显著性差异，职称较高的胜任力明显高于获得职称较低的，教龄较长的体育教师在科研创新能力、个性特征维度上优于教龄短的，不同专项体育教师在科研创新上存在区别。

续表4-3

作者	研究对象与方法	主要研究结论
李宏宇（2021）	采用文献资料法、问卷调查法、数理统计法和逻辑分析法，以楚雄州9县1市的在职高中体育教师作为调查对象	整体胜任得分水平处于良好。在性别差异中，胜任特征和工作绩效在整体水平以及各维度得分上均不存在差异。在年龄差异中，除个人效能因子外，其他因子维度均存在差异性。在职称差异中，胜任特征与其工作绩效两者之间在整体水平上均存在着显著性差异，并且职称高低与工作绩效的得分水平高低之间有着明显的正相关性。在地区差异中，市区教师工作绩效和胜任特征整体得分高于县级。胜任特征与工作绩效两者之间以及它们各因子间都存在着显著的正向相关性关系。
余建平（2022）	通过问卷星对西藏自治区958名中小学体育教师进行问卷调查、课堂观察与深度访谈发现	自治区农村中小学体育教师教学胜任力水平不高，教师教龄、职称、编制情况等是影响教师教学胜任力的主要因素。在教学各维度上，胜任水平不同的农村中小学体育教师差异性显著。不同变量水平的农村中小学体育教师教学胜任力表现也存在差异。
张晓靖（2020）	对潍坊市15所幼儿园的幼儿教师体育教学的胜任力展开研究	其胜任力包括体育教学组织能力、工作品质、运动能力、沟通能力、自我调节能力、健康监控能力。
王钊（2020）	对幼儿足球教师的胜任力水平进行研究	认为幼儿足球教师的胜任力指标模型包括5个维度、13项胜任力指标以及24道题目。5个维度包括个人特质、认知能力、管理与发展、关系建立与影响、成就与行动。

表4-4　幼儿教师胜任力特征研究

作者	研究方法	幼儿教师胜任力特征
秦旭芳（2007）	采用文献资料法	幼儿教师胜任力由4个特征维度（品德、知识、健康和能力特征）组成。
朱晓颖（2007）	采用开放式问卷调查，对30名一线教师进行访谈	构建了包括4个维度12项胜任特征的胜任力模型。对被评价幼儿教师进行差异分析的结果显示：教龄、学历程度和所在幼儿园的类型是影响幼儿教师胜任力水平的因素。
张英娥（2008）	采用行为事件访谈法和开放式问卷调查法	幼儿教师胜任力模型由6个维度构成：学习能力、自我监控能力、科研与引领、教育教学能力、工作品质、人格特质。

作者	研究方法	幼儿教师胜任力特征
王强 （2008）	对山西和上海两地的30位幼儿教师进行行为事件访谈	得到8项鉴别性胜任力特征、8项基准性胜任力特征。
秦旭芳 （2008）	采用自编问卷对辽宁省372名幼儿教师进行调查	幼儿教师胜任力可以分为综合发展型、平稳均衡型和知能整合型3种类型。幼儿教师胜任力总体状况良好，不同教龄和学历的幼儿教师胜任力有所差异。
陈娟 （2009）	采用行为事件访谈对成都市14位公立幼儿园教师进行调查	提取出11项鉴别性胜任特征和8项合格性胜任特征。
汤舒俊 徐红 （2015）	对高绩效幼儿教师进行半结构化访谈	四维度胜任力模型包括人格魅力、育人导向、专业素养以及职业承诺。
翟西宝 张贞齐 （2015）	采用问卷调查法	构建出五大维度的幼儿教师胜任力模型，其中包括8项核心特征和17项一般特征。
陈希 （2015）	采用行为事件访谈对14位来自不同幼儿园的教师进行调查	专业知识(ZS)、交互管理(JG)、词语表达(BD)、建设反馈(FK)、倾听(QT)、移情(YQ)、主动(ZD)、责任心(ZR)、自信(ZX)、认同度(RT)这10项胜任特征是区分绩效优秀组与普通组教师的胜任特征。
董圣鸿 （2016）	采用行为事件访谈对32名幼儿教师进行调查	幼儿教师基准性胜任特征有9项,鉴别性胜任特征包括专业知识与技能、沟通与交往、自我意象、追求卓越、成就能力5项。
李亚丽 （2020）	运用文献分析和问卷法,对10名农村幼儿教师进行行为事件访谈	农村幼儿教师的基准胜任特征包括爱心、童心、亲和力、责任感、尊重他人、奉献精神、热情、适应能力、吃苦耐劳、正直诚实;鉴别胜任特征包括班级管理能力、专业知识、专业技能、儿童观念、沟通技巧、灵活性、职业满意度、事业心。
栗庆阳 （2022）	运用行为事件访谈对20名幼儿教师进行访谈,向100名幼儿教师发放开放式问卷	幼儿教师胜任特征模型包括5个维度:责任心、成就感、专业知识、人际交流、组织管理。

表4-5　幼儿教师体育胜任力词典

序号	胜任力要素	序号	胜任力要素
1	责任感	34	逻辑分析能力
2	进取心	35	善于聆听
3	事业心	36	创设环境
4	成就动机	37	体育评价
5	文化素养	38	言语表达
6	自尊自信	39	多媒体操作
7	尊重幼儿	40	激励鼓励
8	关爱幼儿	41	自我调节能力
9	奉献精神	42	科研能力
10	团队合作	43	获取信息能力
11	爱岗敬业	44	善于思考
12	自我价值	45	服务意识
13	基本运动技能	46	教学启发能力
14	基本文化知识	47	热情耐心
15	幼儿教育知识	48	谦逊包容
16	幼儿保育知识	49	诚实正直
17	幼儿体育知识	50	坚毅品质
18	教学艺术	51	兴趣广泛
19	教研知识	52	阳光开朗
20	观察幼儿能力	53	亲和力
21	了解幼儿能力	54	自我形象
22	创新能力	55	健康体魄
23	教学策略	56	行为习惯
24	体育游戏设计与创编	57	乐观积极
25	体育游戏组织与实施	58	人际关系
26	教材驾驭	59	独立见解
27	组织管理能力	60	终身学习
28	师幼互动能力	61	幽默感
29	交往能力	62	思维灵活
30	家园共育能力	63	适应性
31	教学反思	64	洞察力
32	应变能力	65	领导力
33	发现问题	66	批判思维

二、从专家访谈中提取胜任力词条

为了进一步筛选幼儿教师体育胜任力特征要素，在初步得到66项幼儿教师体育胜任力要素基础上，采用德尔菲法，请7名评议专家对每个胜任特征的重要性进行评价，这7位专家来自不同的专业或研究领域，均对幼儿教师有一定的了解和研究，并且都拥有较高的学历和职称。（表4-6）

表4-6　专家基本情况一览表

序号	姓名	职称/学历	专业/研究领域
1	张**	教授/博士	教育学
2	李**	教授/博士	学前教育
3	陈**	教授/硕士	学前教育
4	詹**	教授/博士	体育学
5	黄**	教授/博士	体育学
6	吴*	副教授/博士	儿童心理学
7	张**	副教授/硕士	儿童心理学

根据7位专家对初选的66项幼儿教师胜任特征要素进行等级评分，根据7位专家对初选的66项幼儿教师胜任特征要素进行等级评分（1～5分别表示不重要、不太重要、一般、比较重要、非常重要）。从表4-7看出，责任感和基本运动技能平均分为5分，7名评议专家一致给了满分，说明幼儿教师体育胜任特征要素中责任感和基本运动技能对于幼儿教师来说是非常重要的。其次，尊重幼儿、幼儿体育知识、体育游戏组织与实施、体育游戏设计与创编这4项的平均分在4.5分以上，关爱幼儿、进取心、创新能力、爱岗敬业、团队合作、善于聆听、热情耐心、教学艺术、文化素养、终身学习、教学策略标准分均值都在4分以上，说明这15项体育胜任特征要素对幼儿教师来说是比较重要的。

根据表4-7统计结果，剔除平均分在3分以下（不重要和不太重要）的胜任特征要素，即胜任特征多媒体操作、独立见解、领导力、批判思维4项，共得到62项幼儿教师体育胜任要素。在专家问卷调查过程中，一位专家对"适应性"胜任特征提出意见，认为该要素过于笼统，不能体现幼儿教师体育胜任力要素，同时也删除。因此，累计得到61项胜任幼儿教师体育胜任力特征要素。

表4-7　专家对幼儿教师体育胜任力特征要素评价

序号	胜任力要素	平均数	标准差	序号	胜任力要素	平均数	标准差
1	责任感	5.000	0.000	22	创新能力	4.286	0.488
2	进取心	4.286	0.488	23	教学策略	4.000	0.816
3	事业心	3.571	0.787	24	体育游戏设计与创编	4.571	0.535
4	成就动机	3.857	0.690	25	体育游戏组织与实施	4.714	0.488
5	文化素养	4.143	0.690	26	教材驾驭	3.571	0.976
6	自尊自信	3.429	0.535	27	组织管理能力	3.286	0.488
7	尊重幼儿	4.714	0.488	28	师幼互动能力	3.429	0.535
8	关爱幼儿	4.429	0.535	29	交往能力	3.429	0.535
9	奉献精神	3.571	0.535	30	家园共育能力	3.143	0.690
10	团队合作	4.143	0.690	31	教学反思	4.143	0.690
11	爱岗敬业	4.286	0.488	32	应变能力	3.714	0.756
12	自我价值	3.429	0.535	33	发现问题	3.143	0.378
13	基本运动技能	5.000	0.000	34	逻辑分析能力	3.000	0.816
14	基本文化知识	3.571	0.787	35	善于聆听	4.143	0.690
15	幼儿教育知识	3.429	0.787	36	创设环境	3.429	0.535
16	幼儿保育知识	3.857	0.690	37	体育评价	3.714	0.756
17	幼儿体育知识	4.714	0.488	38	言语表达	3.714	0.756
18	教学艺术	4.143	0.690	39	多媒体操作	2.143	0.690
19	教研知识	3.714	0.488	40	激励鼓励	3.571	0.535
20	观察幼儿能力	3.571	0.976	41	自我调节能力	3.000	0.577
21	了解幼儿能力	3.714	0.488	42	科研能力	3.429	0.535

序号	胜任力要素	平均数	标准差	序号	胜任力要素	平均数	标准差
43	获取信息能力	3.286	0.488	55	健康体魄	3.429	0.535
44	善于思考	3.429	0.535	56	行为习惯	3.143	0.378
45	服务意识	3.714	0.488	57	乐观积极	3.571	0.787
46	教学启发能力	3.714	0.488	58	人际关系	3.714	0.756
47	热情耐心	4.143	0.690	59	独立见解	2.000	0.577
48	谦逊包容	3.286	0.488	60	终身学习	4.000	0.816
49	诚实正直	3.714	0.756	61	幽默感	3.571	0.535
50	坚毅品质	3.714	0.756	62	思维灵活	3.143	0.378
51	兴趣广泛	3.167	0.408	63	适应性	3.286	0.488
52	阳光开朗	3.286	0.488	64	洞察力	3.714	0.756
53	亲和力	3.286	0.488	65	领导力	2.500	1.049
54	自我形象	3.714	0.756	66	批判思维	2.000	0.894

三、从调查问卷中提取胜任力词条

幼儿教师体育胜任力特征要素的提取，不仅要考虑职后幼儿教师的胜任特征，还需要结合幼儿园的实际工作情况，充分考虑职前培养阶段准教师的胜任力。因此，为了进一步筛选幼儿教师体育胜任力特征要素，通过对幼儿园园长、幼儿教师、学前教育专业学生共计192人通过发放问卷（见附件2）进行调查，其中园长10人、幼儿教师155人（城镇93名，乡村62名）、学前教育专业大学生（大四）27名。从幼儿教师体育胜任力词典提取的61项中选择20项最适合描述幼儿教师体育胜任力的词汇。共回收有效问卷180份，有效率为93.75%。抽取排名前20的幼儿教师体育胜任力特征要素，见表4-8。

表4-8　幼儿教师体育胜任特征频次统计结果

序号	特征	频次	被选比例	排序
1	关爱幼儿	154	85.5%	1

续表4-8

序号	特征	频次	被选比例	排序
2	基本运动技能	153	85.0%	2
3	尊重幼儿	151	83.8%	3
4	体育游戏组织与实施	150	83.3%	4
5	体育游戏设计与创编	147	81.7%	5
6	幼儿体育知识	146	81.1%	6
7	师幼互动能力	145	80.6%	7
8	观察能力	144	80.0%	8
9	责任感	143	79.4%	9
10	幼儿保教知识	142	78.8%	10
11	健康体魄	142	78.8%	11
12	亲和力	141	78.3%	12
13	教学反思	140	77.7%	13
14	终身学习	140	77.7%	14
15	文化素养	139	77.2%	15
16	团队合作	139	77.2%	16
17	了解幼儿能力	138	76.6%	17
18	组织管理能力	137	76.1%	18
19	爱岗敬业	137	76.1%	19
20	热情耐心	136	75.5%	20

注：被选比例不进行四舍五入取值，仅选取小数点后1位。

通过表4-8的统计排名可以看出，关爱幼儿和尊重幼儿排名第一位和第三位，被选比例高达85.5%和83.8%。热爱幼儿和尊重幼儿是幼儿教师职业道德的核心要求，同时也是衡量和评价幼儿教师职业道德水准的重要标志。在《幼儿园工作规程》和《幼儿园教育指导纲要》（试行）中就将尊重、爱护儿童的要求列入总则之中。尊重幼儿和关爱幼儿是幼儿生命成长中的诉求，渴望被关爱是幼儿最基本的需求，获得关爱的体验是幼儿身心健康发展的条件。马斯洛需求层次理论中把需求分为生理需要、安全需要、归属与爱的需要、尊重需要、自我实现的需要。作为幼儿教师应努力让孩子们真切地感受到老师的关注、理解、赞赏和支持，应尊重幼儿的人格和权利、思维方式和行为习惯、兴趣和特点，促使他们的个性得到充分发展，让他们在关爱和尊重中健康成长。

在调查排名前十的幼儿教师体育胜任力中，基本运动技能、体育游戏组织与实施、体育游戏设计与创编、幼儿体育知识分别列第二位、第四位、第五位、第六位，比例为85.0%、83.3%、81.7%、81.1%，均在80%以上。说明幼儿教师体育胜任力要素中，这四项是重要因素。基本运动技能（Fundamental Movement Skills，FMS）是儿童早期身体活动行为的重要组成部分[1]，是指人体非自然发生的基础运动学习模式，是进行复杂身体活动和体育活动的基础，分为位移技能（例如跑、跳等）、物体控制技能（例如投掷、踢球、拍球等）和稳定性技能（例如旋转、平衡等）[2]。基本运动技能学习的最佳期或敏感期是儿童青少年时期，在这一时期有效学习基本动作技能可以为后期学习掌握更为复杂的专项动作技能或比赛打下基础。学龄前儿童通过基本动作技能的练习，可以有效地提高身体素质、增强体质。然而在调查中发现，幼儿园教师在学前教育专业阶段培养过程中常常忽视了基本动作技能的习得，导致幼儿教师在给幼儿进行动作示范、动作讲解方面与专业体育院校学生有较大差距。幼儿教师只有正确掌握这些基本动作技能才能培养幼儿的基本动作技能，这是科学化开展幼儿体育活动的前提。此外，多数学前教育专业并没有开设幼儿体育相关的课程与内容，这就直接造成了在培养阶段运动技能习得以及幼儿体育相关知识的缺失。

游戏是幼儿喜爱的活动方式，符合幼儿身心发展的特点与规律。在幼儿体育活动开展中（包括早操、课间操、体育课、户外体育活动、远足、运动会等）多数也是以体育游戏为主要方式，其目的是促进幼儿身体生长发育、提高身体素质、激发兴趣、增强对环境的适应能力，在此过程中综合发展认知能力和社会能力。

为了更科学有效地在体育活动中做好体育游戏，就需要幼儿教师根据幼儿

---

① BARNETT L. M., STODDEN D., COHEN K. E., et al, "Fundamental Movement Skills: An Important Focus," Journal of Teaching in Physical Education 35, no.3(2016):225.

② BARNETT L. M., LAI S. K., VELDMAN S. L. C., et al, "Correlates of Gross Motor Competence in Children and Adolescents: A Systematic Review and Meta‐Analysis," Sports Medicine 46, no.11(2016):1663–1688.

的年龄特点和动作发展特点，创设良好的运动环境，通过开展形式多样的有趣的体育游戏激发孩子的体育参与和兴趣。在幼儿体育游戏的设计和实施过程中，幼儿教师还需要根据园所的实际情况和场地器材进行游戏设计与创编，在游戏过程中善于发现、引导和鼓励幼儿，让他们在设计的游戏及自主游戏中发现、探索游戏的多种玩法，提供机会让幼儿掌握必备的运动技能与技巧，引导幼儿获得成功的经验和产生愉快的情感体验，培养观察、思维、探索、创造、团结等多种能力。

/ 第三节 /

完善幼儿教师体育胜任力辞典

通过问卷调查法获得的胜任特征很多时候是受访者认为"应该需要的"，但实际上"并不一定会去用之"，带有主观性和不确定性，建构的模型也具有局限性、不稳定性和不合理性[①]。然而，行为事件访谈法是采用开放式的访谈，通过受访者回顾在工作中发生的成功与失败的事件，根据访谈内容分析胜任特征，可以较好地弥补问卷调查法的缺陷。

行为事件访谈法是采用开放式的访谈，让受访者回顾在工作中发生的3件成功与3件失败的事件，对访谈内容进行内容分析，来确定访谈者所表现出来的胜任特征。访谈结束后，研究者将访谈资料进行整理、编码、分析，以提取和筛选研究的岗位或人群所需要的胜任特征。可以鉴别担任某一任务角色的成绩突出者和表现平平者所体现出的胜任特征差异，确定该任务角色的胜任特征模型。通过分析访谈内容确定受访者所表现出来的胜任特征，可以较好弥补问卷调查法的缺陷。因此，可以利用行为事件访谈法进一步完善胜任力编码辞典。

一、行为事件访谈过程

（一）优秀绩效幼儿教师和普通绩效幼儿教师的界定

由体育学、学前教育学和心理学等领域的7位专家组成研究小组，根据要求确定优秀绩效幼儿教师的标准：

---

① 童成寿:《熟手型教师胜任力模型建构与测评研究》,硕士学位论文,福建师范大学,2008。

①曾经获得全国、省、市、区、县级的模范教师、优秀教师、先进工作者、教书育人楷模、骨干教师、优秀班主任、教坛新秀等荣誉称号；

②在岗教师且近三年年终考核被考核评价为优秀的教师；

③教龄在10年以上的幼儿教师；

④低于以上3条标准的教师视为普通绩效者。

（二）预访谈

预访谈的主要目的是对关键事件访谈方法的练习，具体包括访谈实施的技术、录音文本的编码，能够从幼儿教师的访谈文本数据中准确地识别出各种胜任特征的行为指标或其他指标。访谈前，对访谈组4名成员（均为兰州大学的本科学生）进行培训，让访谈成员了解幼儿教师的素质要求，掌握BEI的技术，熟悉访谈流程和注意事项，详细介绍编码的具体方法及编码过程中应该注意的事项。当联系好访谈幼儿园，安排好时间和地点进行访谈。在确定预访谈幼儿教师时，根据研究小组确定的取样策略和标准，选择6名教师（3名优秀绩效教师，3名一般绩效教师）实施访谈。在具体访谈过程中，有1位教师由于表达不清且较大程度偏离主题，最终放弃了对该被试者的录音，因此预研究得到有效录音5份。录音时间最短的19分钟，最长61分钟，平均录音时间37分钟，得到录音文本共计34255字。预访谈完成后，4名访谈成员分别对同一份访谈录音文本进行试编码，对同一份文本资料进行独立编码。待4名编码者独立完成编码以后，就编码不一致的地方进行讨论。当达成统一意见以后对下一份文本重复上述步骤，直到完成5份访谈文本的编码。

（三）编码者信度分析

为了保证编码人员获取被访谈者胜任特征要素的一致性和准确性，通过考察编码者归类一致性系数及编码信度系数，对这两组编码人员的评分信度进行分析。在本研究中，编码人员分成两组（A和B为一组，C和D为一组），对同一访谈事件进行编码。评价组内一致性的标准有两个——归类一致性和编码信度系数。归类一致性分析（Category Agreement，CA）[1]指两个评分者之间对相同访谈文本资料的编码归类相同的个数占总个数的百分比。归类一致性分析的计算公式为：

$$CA=2S/T1+T2$$

---

[1] 徐建平:《教师胜任力模型与测评研究》,博士学位论文,北京师范大学,2004.

公式中CA表示归类一致性指数，S表示两个编码员在同一份访谈文本上编码相同的个数，用T1表示甲编码员在此访谈文本上的总编码个数，T2表示乙编码员在此访谈文本的总编码个数。编码信度系数[①]的计算公式为：

$$R=n×CA/1+(n-1)×CA$$

公式中R为编码者编码信度，CA为平均相互同意度，n表示每组参与编码人员的个数。

表4-9　第一组编码人员归类一致性和编码信度系数

第一组	编码者A	编码者B	编码相同数	CA	R
	26	31	21	0.73	0.82
第二组	编码者C	编码者D	编码相同数	CA	R
	26	28	18	0.67	0.80

从表4-9可以看出，第一组编码人员归类一致性（CA）为0.73，编码信度系数（R）为0.82。第二组编码人员归类一致性（CA）为0.67，编码信度系数（R）为0.80。结果表明，第二组编码人员归类一致性和编码信度系数均小于第一组人员。这说明第一组编码人员的归类一致性和编码信度系数优于第二组编码人员。因此，本研究选择能够证明两位评分者编码的一致性程度和信度系数较高的第一组人员进行编码。

（四）确定访谈对象

根据确定的高绩效幼儿教师体育胜任力标准，筛选出正式访谈的24名被试者分别来自兰州市、西安市、烟台市、汉中市、保定市、淮南市、广州市的7所幼儿园。其中优秀绩效组12名幼儿教师，普通绩效组12名幼儿教师。采用单盲设计，可以避免被研究者主观因素的干扰。被试平均年龄25.3岁。被试的平均执教年龄4.2年，其中优秀绩效组8.4年，普通绩效组3.1年。被试中女性教师20名，男性教师2名。

（五）正式访谈

提前与幼儿园管理人员或被访谈幼儿教师进行沟通，讲明访谈目的，征求

___
① 董奇：《心理与教育研究方法》，北京师范大学出版社，1990，第398页。

被访谈者的同意后，确定好访谈时间和地点。正式访谈过程中，先向受访谈者了解一些基本信息，如姓名、性别、年龄、毕业院校、所学专业、授课班级、执教年限、教学奖励等，征得被访谈者同意后通过录音笔进行全程录音。在具体访谈过程中，要求受访谈者分别描述他们在体育活动开展过程中的3件成功事件和3件失败事件。具体按照STAR工具进行，详细描述是什么事情；该事件具体是怎样的一个情形（时间、地点、环境以及都有谁参与）；在当时情况下有何反应（高兴、激动、惊讶、恐慌等）；这件事发生的原因是什么；在这件事情当中，采取了哪些实际的措施，做了什么或说了些什么，或当时希望怎么做；在这件事中承担了什么角色；其他人有什么反应；该事件的结果如何；成功或不成功的原因是什么；该事件对以后工作产生了什么样的影响。访谈过程中访谈者如果有意回避某些事件和问题时，可以通过试探性询问深入了解事件发生的过程。每个被试的访谈时间控制在50分钟左右，实际访谈录音时间最短的25分钟，最长的68分钟，平均访谈时间43分钟。（见附件3）

（六）转录文本

将访谈录音整理成文字，并由研究者对照录音核查文本，核查后给每个录音文本进行编号和格式统一整理，最终收集到24份（优秀绩效组12名，普通绩效组12名）访谈录音文本，共计165663字。（表4-10）

（七）编码

对文本编码主义通过主题分析和内容分析方法进行识别[1]，对文本中的关键事件进行独立的主题分析，分析主要概念和思想，提炼出基本主题。根据前期研究中形成的《幼儿教师体育胜任力编码词典》的词项，对初步制定的编码词项进行解释和说明，使编码组成员对每个词项有统一的理解。记录胜任特征在文本中出现的位置，包括编号、胜任特征代码与强度等级。对于能够反映被访谈者某项胜任特征而又没有恰当合适的词项描述的情况下，或者编码者不能确定用哪个词项描述的情况下，由编码组成员共同讨论，采用确定合适的词项编码，或者补充新的词项进行编码，确保编码成员对访谈文本编码词项达成一致意见，并补充到编码词典中。

① Richard E. Boyatzis, *Transforming Qualitative Information*(Sage Publications.1998), pp.67-99.

表4-10 幼儿教师B体育胜任力行为事件访谈文本分析示例

文本编号	访谈文本	胜任特征	代码与强度等级
B2	2021年10月的一天,我们设计的户外体育活动是"搬轮胎"游戏,我带领中班的小朋友来到活动场地,我们请了几个小朋友去小精灵活动室搬轮胎,去的几个小朋友看到各种样式和颜色的轮胎,都高兴极了。有一位小朋友挑一个轮胎就在去班的路上迫不及待地玩了起来,其他小朋友也各自挑了一个喜爱的轮胎。在去的路上,一位小朋友推着推着轮胎就倒了,有个小朋友推着推着就推到前面轮胎的前面去了,有一个小朋友不小心把轮胎压在脚上了,我赶快跑过去,蹲下看了看情况,没什么大碍,并且鼓励他再把轮胎搬过去。还有两个小朋友干脆抬着轮胎就走了起来,各种情况场面都不一样。 小朋友放下手上的轮胎,我让他们说一说刚才搬轮胎的感受,然后让看的小朋友也说一说,为什么有的会推不好。一位小朋友举手说:"我推得太快了,轮胎翻了。"一位小朋友说:"轮胎是圆的,应该慢慢向前滚。"另一位小朋友说:"我没有掌握好方向。"我当时感到很高兴,表扬了小朋友们,因为他们都在积极思考问题。 之后,我进行了推轮胎动作的讲解、示范,提醒他们可以用手推更省力、更安全。两手扶住轮胎向一个方向慢点推,并且轮胎不能倒下,要保护好自己。 然后,我们又进行了单人轮胎游戏比赛,小朋友们按照我的要求一个个稳稳地将轮胎推向终点,技术动作基本掌握。我又设置了障碍,让两人一组,配合着一起推着轮胎,并且不能撞上"地雷"。小朋友们经过练习,明白了"推"的技术动作,掌握了从哪个角度推,怎么推轮胎才会滚得又远又稳,又能很好地保护好自己,并且能注意动作的协调一致性。 最后,看看小朋友们的进步,我进行了总结。本次体育活动推轮胎这样的游戏,幼儿本身有一定的基础,但是要推得好,还欠缺一些方法。所以先请个别幼儿自由探索,然后让幼儿自己总结经验,方式是比较开放的。接着,我进行了推轮胎的基本要领的讲解和动作的示范,再让两人一起推,进行实践操作,最后针对个别幼儿操作的情况进行了指导。取得了很好的效果,幼儿也很开心。	体育游戏设计与创编 观察能力 关爱幼儿 教学启发能力 激励鼓励 基本运动技能 关爱幼儿 游戏设计 教学策略 关爱幼儿 教学反思 了解幼儿 团队协作	24A4 20A3 8A3 46A4 40A3 17A4 8A3 23A5 8A3 31A5 21A4 32A4

（八）数据处理

统计访谈的时间、文本的字数、各个胜任特征在不同等级上出现的次数。在此基础上，统计各个胜任特征发生的总频次、等级分数、平均等级分数和最高等级分数。等级指某一胜任特征在该胜任特征最小可觉差量表中的大小值，它表示某个行为表现的强度。然后对频次、平均等级分数、最高等级分数三项指标进行验证。计算方法如下：

某一被试在访谈过程中表现的某一胜任特征，如尊重幼儿，在第1等级上出现的频次为3，第2等级上出现的频次为2，第3等级上出现的频次为3，第4等级上出现的频次为2，这一胜任特征发生的总频次为10，平均等级分数为2.4，最高等级分数为8。对优秀组和普通组的每一胜任特征之间的差异进行比较分析，采用SPSS22.0处理。

二、行为事件访谈结果分析

采用行为事件访谈法对24位（优秀绩效组12名，普通绩效组12名）幼儿教师进行了正式访谈，访谈资料全部有效。访谈中最长的68分钟，最短的25分钟，平均访谈时间43分钟，共计165663字，平均每人6451字。为了摸清优秀绩效组和普通绩效组在访谈字数和访谈时间的差异，采用两独立样本t检验。

表4-11　不同绩效组文本字数和文本时间对比分析

指标	优秀绩效组(n=12)	普通绩效组(n=12)	t	p
字数（个）	7238±2125	5582±1357	2.27	0.04*
时间（秒）	2931±964	2254±732	1.93	0.08

注：*P<0.05，**P<0.01

从表4-11可以看出，从访谈字数来看，优秀绩效组平均字数在7238字，普通绩效组访谈字数为5582，经过t检验，有统计学差异（P<0.05）。从访谈时间来看，优秀绩效组平均时间在2931秒，普通绩效组访谈时间为2254秒，经过t检验，没有统计学差异（P>0.05）。表明优秀绩效组的访谈文本平均字数显著性高于普通绩效组，而访谈时间上没有差异。这也从侧面反映出，优秀绩效组教师在工作的认真程度和细心程度上表现较好。访谈中也能发现，优秀绩效组教师对回忆出的事件有着较为详细的描述，访谈时间较长，并且能快速回忆起关键事件。

表4-12是优秀绩效与普通绩效组胜任特征频次差异比较，通过比较发现，绩优组教师的平均分高于普通绩效组的教师。优秀绩效组的教师和普通绩效组的教师在幼儿体育知识、终身学习和创新能力这3个胜任特征上存在统计学差异（$P<0.05$），责任感胜任特征上存在非常显著的统计学差异（$P<0.01$），而其他体育胜任特征不存在统计学差异（$P>0.05$）。

表4-12 优秀绩效与普通绩效组胜任特征频次差异比较（$x \pm s$）

胜任特征	优秀绩效组	普通绩效组	t检验
关爱幼儿	3.502±1.983	3.157±1.534	0.477
基本运动技能	2.901±1.436	2.378±1.041	1.021
尊重幼儿	2.637±1.212	2.035±0.986	1.334
体育游戏组织与实施	3.254±1.716	2.651±1.526	0.910
体育游戏设计与创编	2.618±1.144	2.089±0.752	1.339
幼儿体育知识	3.562±1.863	2.105±1.045	2.362*
师幼互动能力	2.142±0.918	1.963±0.752	0.522
观察幼儿能力	3.689±1.844	3.043±1.545	0.930
责任感	4.546±2.723	2.256±1.113	2.697**
幼儿保教知识	3.052±1.355	2.738±0.785	0.694
健康体魄	2.887±1.236	2.045±0.996	1.838
亲和力	2.090±1.180	1.371±0.754	1.779
教学反思	2.225±0.988	2.037±1.052	0.451
终身学习	4.226±2.173	2.710±1.272	2.086*
文化素养	2.116±0.450	2.115±0.752	0.004
团队合作	2.952±1.446	2.378±1.659	1.485
了解幼儿能力	2.332±0.851	2.036±0.745	0.907
组织管理能力	1.878±0.365	1.260±0.562	3.195
爱岗敬业	2.641±1.553	2.418±1.699	0.336
热情耐心	2.943±1.857	2.551±1.436	0.578

续表4-12

胜任特征	优秀绩效组	普通绩效组	t检验
进取心	2.376±1.103	2.236±1.323	0.282
创新能力	3.983±2.084	2.445±0.997	2.306*
善于聆听	3.369±1.032	3.014±1.331	0.730
教学策略	3.952±1.446	3.608±1.650	0.543

表4-13是优秀绩效组与普通绩效组胜任特征平均等级分数差异比较，通过比较发现，优秀绩效组教师的各项平均分高于普通绩效组的教师。优秀绩效组的教师和普通绩效组的教师在基本运动技能、体育游戏设计与创编、热情耐心和教学策略这4个胜任特征上存在统计学差异（P<0.05），幼儿体育知识、责任感和终身学习这3个胜任特征上存在非常显著的统计学差异（P<0.01），而其他特征不存在统计学差异（P>0.05）。

表4-13　优秀绩效组与普通绩效组胜任特征平均等级分数差异（x±s）

胜任特征	优秀绩效组	普通绩效组	t检验
关爱幼儿	3.178±1.612	2.874±1.436	0.488
基本运动技能	3.785±1.346	2.246±1.312	2.836*
尊重幼儿	2.980±1.475	2.766±1.232	0.386
体育游戏设计与创编	4.466±2.035	2.637±1.816	2.32*
体育游戏组织与实施	3.210±1.752	2.114±1.055	1.856
幼儿体育知识	4.871±1.990	2.145±1.238	4.029**
师幼互动能力	3.457±1.540	3.125±1.850	0.478
观察幼儿能力	3.259±1.036	3.014±0.931	0.096
责任感	3.873±1.692	1.736±0.859	3.901**
幼儿保教知识	2.886±0.952	2.223±1.114	1.567
健康体魄	3.632±1.736	2.651±1.425	1.513
亲和力	2.859±0.854	2.360±0.796	1.480
教学反思	2.996±1.075	2.284±0.983	1.693
终身学习	3.990±1.256	2.143±1.630	3.109**

续表4-13

胜任特征	优秀绩效组	普通绩效组	t检验
文化素养	2.787±1.310	2.000±1.068	1.613
团队合作	3.176±1.751	2.825±1.364	0.548
了解幼儿能力	2.538±0.982	2.147±0.953	0.989
组织管理能力	2.412±1.095	1.864±0.682	1.471
爱岗敬业	3.188±1.134	2.675±1.430	1.658
热情耐心	3.342±1.204	2.963±1.115	2.339*
进取心	2.976±1.075	2.384±0.983	1.408
创新能力	2.093±1.180	2.071±0.754	0.054
善于聆听	2.956±1.137	2.378±1.225	1.198
教学策略	3.862±1.863	2.375±1.312	2.261*

注：*P<0.05，**P<0.01

表4-14是优秀绩效与普通绩效组胜任特征最高等级分数差异比较，通过比较发现，绩优组教师的各项平均分高于普通绩效组的教师。优秀绩效组的教师和普通绩效组的教师在责任感和教学反思2个胜任特征上存在统计学差异（P<0.05），而其他特征不存在统计学差异。

表4-14　优秀绩效与普通绩效组最高等级分数差异（x±s）

胜任特征	优秀绩效组	普通绩效组	t检验
关爱幼儿	2.688±1.335	2.471±1.579	0.364
基本运动技能	3.785±2.077	2.651±1.432	1.557
尊重幼儿	2.673±1.084	1.824±1.130	1.878
体育游戏设计与创编	3.977±1.795	3.456±1.083	0.513
体育游戏组织与实施	2.635±1.026	2.248±1.631	0.696
幼儿体育知识	4.134±2.053	3.306±1.475	1.505
师幼互动能力	3.457±1.540	2.365±1.174	1.953
观察幼儿能力	2.369±0.963	1.878±0.540	1.541
责任感	2.836±1.174	1.440±0.738	3.238*

胜任特征	优秀绩效组	普通绩效组	t检验
幼儿保教知识	2.096±1.352	2.003±0.796	0.205
健康体魄	3.874±2.631	3.441±2.187	0.438
亲和力	2.978±1.364	2.147±1.114	1.635
教学反思	3.746±1.818	2.163±1.270	2.472*
终身学习	2.063±0.769	1.878±0.452	2.660
文化素养	1.645±1.416	1.520±0.876	0.260
团队合作	2.015±1.363	1.571±1.741	0.222
了解幼儿能力	2.725±2.134	2.220±2.015	0.596
组织管理能力	2.996±1.832	2.345±1.524	0.946
爱岗敬业	2.550±1.362	1.987±1.289	1.040
热情耐心	2.479±0.896	2.100±1.276	0.842
进取心	2.615±1.126	2.340±1.651	0.477
创新能力	3.612±1.560	3.323±1.563	0.453
善于聆听	1.884±0.671	1.740±0.551	0.575
教学策略	2.657±1.364	1.990±1.146	1.297

注：*P<0.05，**P<0.01

表4-15是优秀绩效与普通绩效组胜任特征总分差异比较，通过比较发现，绩优组教师的各项平均分高于普通绩效组的教师。优秀绩效组的教师和普通绩效组的教师在体育游戏设计与创编、责任感、终身学习和教学策略这4个胜任特征上存在统计学差异（P<0.05），而其他特征不存在统计学差异。

表4-15　优秀绩效与普通绩效组胜任特征总分差异比较（x±s）

胜任特征	优秀绩效组	普通绩效组	t检验
关爱幼儿	3.457±1.642	2.573±1.061	1.566
基本运动技能	2.847±1.325	2.220±1.762	0.985
尊重幼儿	3.189±2.047	2.635±1.117	0.822
体育游戏设计与创编	4.752±2.183	3.124±1.146	2.287*

续表4-15

胜任特征	优秀绩效组	普通绩效组	t检验
体育游戏组织与实施	2.994±1.547	2.223±1.069	1.420
幼儿体育知识	4.379±2.106	4.349±0.874	0.062
师幼互动能力	2.877±1.697	2.066±1.362	1.291
观察幼儿能力	3.933±2.104	3.330±1.852	0.745
责任感	4.879±2.137	2.557±1.683	2.957*
幼儿保教知识	2.993±1.458	2.230±1.788	1.146
健康体魄	3.795±2.503	3.241±1.860	0.615
亲和力	3.159±2.148	3.093±1.977	0.078
教学反思	2.875±1.632	2.220±1.375	1.063
终身学习	4.547±2.357	2.183±1.750	2.790*
文化素养	2.878±1.352	2.630±1.472	0.429
团队合作	2.684±1.298	2.166±0.853	1.155
了解幼儿能力	3.750±2.632	2.147±1.369	1.872
组织管理能力	2.366±1.120	2.098±1.004	0.617
爱岗敬业	2.949±1.341	2.572±1.373	0.68
热情耐心	3.335±1.259	2.887±1.036	0.952
进取心	2.828±1.432	2.437±1.112	0.747
创新能力	2.978±1.364	2.147±1.109	1.638
善于聆听	2.851±1.372	2.366±1.098	0.956
教学策略	3.785±1.461	2.451±1.289	2.372*

注：*P<0.05，**P<0.01

本研究根据优秀绩效组和普通绩效组每一胜任特征的频数、平均等级分数、最高等级分数和总分差异进行分析，对统计的数据进行独立样本t检验分析，得出差异性显著的9项胜任特征，分别是基本运动技能、责任感、幼儿体育知识、体育游戏设计与创编、终身学习、教学反思、热情耐心、创新能力和教学策略，这9项胜任特征是区分优秀绩效教师和普通绩效教师的指标，可为幼儿教师的入职、绩效考核提供参考依据。这9种胜任特征构成了胜任力概念中的幼儿教师体育胜任力中的鉴别性胜任力，其他15项为基准性胜任力（表4-16）。

把鉴别性胜任力和基准性胜任力集合起来，构成了幼儿教师体育胜任力的整体模型。

表4-16　幼儿教师体育胜任力特征模型

鉴别性胜任力	基准性胜任力
责任感 基本运动技能 体育游戏设计与创编 幼儿体育知识 教学反思 终身学习 热情耐心 创新能力 教学策略	尊重幼儿 爱岗敬业 关爱幼儿 师幼互动能力 体育游戏组织与实施 观察幼儿能力 幼儿保教知识 健康体魄 亲和力 文化素养 团队合作 了解幼儿能力 组织管理能力 进取心 善于聆听

/ 第四节 /

幼儿教师体育胜任力模型及内涵阐释

一、幼儿教师体育胜任力模型构建

为了构建幼儿教师体育胜任力理论模型，通过文献资料法总结出幼儿教师体育胜任力要素66项，经过专家筛选得到61项胜任特征词条库。通过专家访谈中获取比较重要（平均分4分以上）的胜任力要素15项、非常重要（平均分5分）的胜任力要素2项，累计17项。然后通过调查问卷提取前20位的胜任特征要素词条。最后，将专家访谈中提取的胜任特征词条与调查问卷中的词条进行整合，得到24项幼儿教师体育胜任力特征要素（表4-17）。

表4-17　幼儿教师体育胜任力要素的整合

序号	专家访谈中提取胜任力要素	调查问卷中提取胜任力要素	胜任力特征要素整合
1	责任感	关爱幼儿	关爱幼儿
2	基本运动技能	基本运动技能	基本运动技能
3	尊重幼儿	尊重幼儿	尊重幼儿
4	幼儿体育知识	体育游戏组织与实施	体育游戏组织与实施
5	体育游戏组织与实施	体育游戏设计与创编	体育游戏设计与创编
6	体育游戏设计与创编	幼儿体育知识	幼儿体育知识
7	关爱幼儿	师幼互动能力	师幼互动能力
8	进取心	观察能力	观察能力
9	创新能力	责任感	责任感
10	爱岗敬业	幼儿保教知识	幼儿保教知识
11	团队合作	健康体魄	健康体魄
12	善于聆听	亲和力	亲和力
13	热情耐心	教学反思	教学反思
14	文化素养	终身学习	终身学习
15	教学反思	文化素养	文化素养
16	终身学习	团队合作	团队合作
17	教学策略	了解幼儿能力	了解幼儿能力
18		组织管理能力	组织管理能力
19		爱岗敬业	爱岗敬业
20		热情耐心	热情耐心
21			进取心
22			创新能力
23			善于聆听
24			教学策略

如图4-2所示，根据以上研究选取的24项幼儿教师体育胜任力特征要素，对这24项胜任特征要素进行聚类分析，划分为5类胜任特征群，依次为职业道德（尊重幼儿、关爱幼儿、责任感、爱岗敬业、热情耐心）、知识结构（幼儿体育知识、幼儿保教知识、文化素养）、专业素质（基本运动技能、体育游戏组织与实施、体育游戏设计与创编）、教学能力（师幼互动能力、观察能力、教学反思、了解幼儿能力、组织管理能力、创新能力、教学策略）、个人特质（健康体魄、亲和力、终身学习、团队合作、善于聆听、进取心）。

图4-2 幼儿教师体育胜任力理论模型

根据行为事件访谈法对教师体育胜任力要素的分析，将24项胜任特征要素分为鉴别性胜任特征和基准性胜任特征。鉴别性胜任力特征包括基本运动技能、责任感、幼儿体育知识、体育游戏设计与创编、终身学习、教学反思、热情耐心、创新能力和教学策略，这9项鉴别性胜任特征是区分优秀绩效教师和普通绩效教师的指标。而其他15项为基准性胜任特征，也就是作为幼儿教师体育胜任力所必须具备的特征。把鉴别性胜任特征和基准性胜任特征集合起来，构成了幼儿教师体育胜任模型的鉴别性胜任特征和基准性胜任特征模型（见图4-3）。

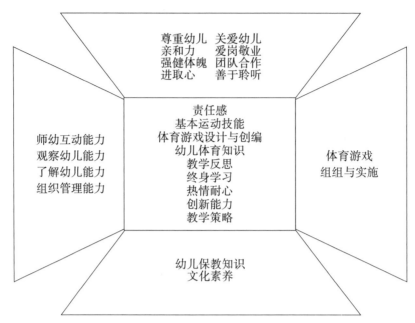

尊重幼儿　关爱幼儿
亲和力　　爱岗敬业
强健体魄　团队合作
进取心　　善于聆听

师幼互动能力
观察幼儿能力
了解幼儿能力
组织管理能力

责任感
基本运动技能
体育游戏设计与创编
幼儿体育知识
教学反思
终身学习
热情耐心
创新能力
教学策略

体育游戏
组组与实施

幼儿保教知识
文化素养

图4-3　幼儿教师体育胜任力的鉴别性和基准性胜任特征理论模型

二、幼儿教师体育胜任特征内涵阐释

完整的幼儿教师体育胜任力模型应包含优秀绩效教师应具备的胜任特征和教师共有的胜任特征,除了这些具体的胜任特征外,还应该包含每项胜任力的定义、它所包含的核心问题、每个特征划分的各行为等级及解释。这些具体特征词和完善后的幼儿教师体育胜任力词典,则形成了本研究最终的幼儿教师体育胜任力模型体系。具体的案例可参考附录4的编码辞典示例。幼儿教师体育胜任特征的定义如表4-18所示。

表4-18　幼儿教师体育胜任特征的定义

胜任特征	情景定义
尊重幼儿	教师应尊重幼儿的人格和权力,尊重幼儿的身心发展的规律和学习特点,保教并重,关注个别差异,促进每个幼儿富有个性地发展。
基本运动技能	指人体非自然发生的基础运动学习模式,是进行复杂的身体活动和体育活动的基础,包括移动性动作技能、操作性动作技能、控制性动作技能。

胜任特征	情景定义
关爱幼儿	关心、爱护、保护幼儿,以促进其身心健康发展。
体育游戏设计与创编	在遵循幼儿身体生长发育的特点和规律的基础上,专门设计体育类游戏。
体育游戏组织与实施	为了促进幼儿生长发育、增强体质、掌握基本动作,激发幼儿的体育参与,有计划、有目地组织体育游戏。
幼儿体育知识	在幼儿体育中,促进身体正常发育、增强体质、增进健康,养成良好的生活、卫生习惯的知识和技能,包括卫生保健知识、基本运动技能知识、生活卫生习惯知识及安全教育知识。
师幼互动能力	指教师和幼儿之间发生的一种人际互动,其互动主体是教师和幼儿,两者间是双向、交互的影响。
观察幼儿能力	指幼儿在教师指导下有目的地感知客观事物的发展过程或幼儿自发地观察其过程,可以帮助幼儿获得丰富的感性经验,是幼儿认识自然和社会的主要方法。
责任感	是个体心理的重要特质,具体是指一个人对其所在团队的共同活动、行为方式,以及承担义务的积极主动的状态,是一种积极主动做好职责范围内外的有益事件的精神状况。
幼儿保教知识	指为了保障幼儿身心的健康发展,教师必须掌握的保育和教育理论知识,包括生活能力、安全常识、儿童发展知识、教育原则、教育方法等。
健康体魄	教师身体健康没有疾病,体格强壮。
亲和力	指一个人或一个组织在所在群体心目中的亲近感,具有的友好表现。
教学反思	指教师对教育教学实践的再认识、再思考,并以此来总结经验教训,进一步提高教育教学水平。
终身学习	是社会每个成员为适应社会发展和实现个体发展的需要,贯穿于人的一生的、持续的学习过程。
文化素养	指用优势文化中的习语、隐喻和非正式内容流利交谈的能力,包括文化常识、科学知识、文学常识。
团队合作	指团队中每个人为了一个共同的目标相互支持、合作奋斗的过程。
了解幼儿	指教师在幼儿教育的实践中通过观察、谈话、作品分析等多种方法,掌握幼儿的发展情况。

续表4-18

胜任特征	情景定义
组织管理能力	指按照一定的原则和具体要求,采取适当的方法,为建构良好的班集体而进行的综合性活动。
爱岗敬业	热爱幼儿教育事业,在岗位上保持较高的热情并付诸实践。
热情耐心	指参与活动或对待别人所表现出来的积极主动、友好的情感或态度,心里没有不急躁,不厌烦的情绪。
进取心	指不满足于现状,坚持不懈地向新的目标追求的蓬勃向上的心理状态。
创新能力	指在幼儿体育活动实践过程中,能不断提供新思想、新理论、新方法和新发明的能力。
善于聆听	指善于集中精力,认真地听取他人的想法、看法、观点等。
教学策略	指在幼儿体育教学过程中,为完成教学目标和适应幼儿认知需要而制定的教学程序计划和采取的教学实施措施。

/ 第五节 /

研究小结

本章初步构建了幼儿教师体育胜任力模型。第一,分析了教师职业需求,梳理了11条幼儿教师主要工作职责和工作内容。这些工作职责和内容从整体上概括了一名幼儿教师所必须具备的基本条件和要求,它们是做好幼儿保育和教育工作的前提和基础。结合幼儿日常开展的体育活动,总结了幼儿教师体育活动中的三个教学方面的内容——基本动作及游戏、基本体操和队列队形、手持的小型运动器械与游戏。游戏作为幼儿喜欢的一种教学形式,符合幼儿身心发展的规律,同时也是幼儿体育活动开展中的主要形式。作为一名幼儿教师,首先要明晰自己的工作职责和内容,这是一名合格教师所必须具备的前提条件。其次,在幼儿健康领域中,开展幼儿体育活动时还要懂得开展什么样的体育活动,如何更加科学合理地高质量开展幼儿体育活动。这些都是一名幼儿教师体育活动开展中必备的知识和技能,也是胜任力构成的重要因素。

第二，在对幼儿教师基本职业需求有所了解后，在第二节中主要阐述了如何初步建立幼儿教师体育胜任力词典。其途径主要通过文献中的提取、专家问卷、一般问卷以及行为事件访谈法四种方法提取胜任力词条。首先，通过对34篇文献研究统计共得到182条教师体育胜任力相关词条，将重复、关联度低、多余的词条等进行合并或删除，经过筛选初步得到66项幼儿教师胜任特征要素，这也是幼儿教师体育胜任力特征要素的源词条。然后，为了进一步优选词条，根据专家意见对初选的66项幼儿教师胜任特征进行评分，删除不重要的胜任特征（多媒体操作、独立见解、领导力、批判思维、适应性5项），共得到61项。之后，通过专家访谈中获取比较重要（平均分4分以上）的胜任力要素15项、非常重要（平均分5分）的胜任力要素2项，累计得到17项。不同人员的视角不同，对幼儿教师胜任力的了解也不同，为了更全面地搜集幼儿教师体育胜任力特征，通过对幼儿园园长、幼儿教师、学前教育专业学生共计192人发放问卷进行调查，共回收有效问卷180份。从提取的61项中选择20项最适合描述幼儿教师体育胜任力的核心词条。最后，将专家访谈中提取的胜任特征词条与调查问卷中的词条进行整合，初步得到24项幼儿教师体育胜任力词典。其中，关爱幼儿、尊重幼儿、基本运动技能、体育游戏组织与实施、体育游戏设计与创编、幼儿体育知识等词条排名较靠前，这与本研究的研究预期基本一致，同时也与胜任力基础理论的研究相一致。

第三，为了全面、客观地构建幼儿教师体育胜任力辞典，弥补问卷调查法的缺陷，进一步区别幼儿教师体育胜任力的特性，又采用行为事件访谈法进行研究。行为事件访谈法（BEI）作为一种新的考查个体行为的方法，这也是目前建模过程中得到公认且最有效的方法。在访谈过程中访谈了在体育活动开展中认为最成功和最失败的6个事件，通过对24名被试者（优秀绩效组12名幼儿教师，普通绩效组12名幼儿教师）进行行为事件访谈法，统计得出各个胜任特征发生的总频次、等级分数、平均等级分数和最高等级分数，根据统计的数据进行独立样本检验分析，找出一般绩效教师和优秀绩效教师在幼儿体育活动开展中胜任力特征的区别。通过分析，得到差异性显著的9项胜任特征，包括基本运动技能、责任感、幼儿体育知识、体育游戏设计与创编、终身学习、教学反思、热情耐心、创新能力和教学策略，这9项胜任特征是区分优秀绩效教师和普通绩效教师的指标，而其他15项（尊重幼儿、爱岗敬业、关爱幼儿、师幼互动能力、体育游戏组织与实施、观察幼儿能力、幼儿保教知识、健康体魄、亲和力、文化素养、团队合作、了解幼儿能力、组织管理能力、进取心、善于聆听）为基准性胜任力，也是对于一般教师所必须掌握和具备的胜任特征。把鉴别性胜任力和基准性胜任力集合起来，构成了幼儿教师体育胜任力的鉴别性和基准性胜任特征理论模型。

第四，构建了幼儿教师体育胜任力理论模型，对整合得到的24项胜任力特征要素进行划分，得到5类胜任特征群，依次为职业道德、知识结构、专业素质、教学能力、个人特质。幼儿教师体育胜任力的模型不仅包含优秀绩效教师应具备的胜任特征和教师共有的胜任特征，为了清楚描述幼儿教师体育胜任力的特征，对幼儿教师体育胜任力的模型内涵进行解释，包含24项胜任力的定义、核心问题、每个特征划分的各行为等级及解释，共同构成了幼儿教师体育胜任力辞典。

/ 第五章 /

幼儿教师体育胜任力实证研究

前一章在构建完幼儿教师体育胜任力模型后，为了进一步了解我国当前幼儿教师体育胜任力水平的现状及影响因素，进行了问卷调查。本章节依据幼儿教师体育胜任力理论模型，以幼儿教师胜任力的职业道德、知识结构、专业素质、教学能力、个人特质5个维度和24个重要性特征词汇为依据，编制《幼儿教师体育胜任力自评问卷》，包含61道封闭式题目，并通过专家访谈法、临界比率值（CR值）方法，对题项进行删选和修正。为保证调查的可靠性，并对自编问卷进行信效度检验。

在检验《幼儿教师体育胜任力自评问卷》合格后，为了摸清我国幼儿教师体育胜任力水平现状及影响因素，对全国19个省级行政区的25所幼儿园进行了问卷调查。通过调查了解到幼儿教师体育胜任力5个维度的基本情况下，再讨论不同变量下影响幼儿教师体育胜任力的5个外部因素。

/ 第一节 /

幼儿教师体育胜任力自评问卷的编制及检验

一、问卷编制过程

（一）问卷编制的目的

幼儿教师体育胜任力自评问卷是针对幼儿教师在开展体育活动中行为的自

我评价，能使幼儿教师更好地理解体育胜任力要素的内涵，准确获取体育胜任力调查的相关数据，最终为摸清我国幼儿教师体育胜任力现状及影响因素提供依据。

（二）问卷编制的原则

问卷的编制需要充分考虑幼儿教师本身的职业身份特征和工作特点，把胜任力特征与幼儿教师职业特点相结合。根据前期理论分析中胜任力的结构及其特征所反映的具体内容，从胜任力的结构中选题目，这些特征一般可以通过其生活内容和日常行为表现出来。因此，胜任特质与幼儿教师身份特征相一致，就是要使问卷的题项具有典型性和代表性，能充分反映幼儿教师胜任力的全貌，使问卷具有可靠的信度。同时，问卷题项的表述要符合幼儿教师的实际情况，以保证问卷的效标效度。

（三）问卷编制的方法

根据幼儿教师体育胜任力特征理论模型形成的24个重要性特征词汇，对他们进行行为性描述，比如将"责任感"描述为"我很热爱幼儿教育工作，并感到很有意义"，或者是"只要为了更好地工作，我会主动加班或放弃休假"。将"关爱幼儿"描述为"当幼儿需要帮助时，我会提供帮助"，或者是"我把班上的幼儿当作自己的孩子一样对待"。项目设计好以后，在语义、项目的实际意义等方面进行了修改，并请有关的专家、学者对拟定的项目进行了评定。最后，确定了一份包含61道题目的《幼儿教师体育胜任力自评问卷》初稿。

二、题项的筛选

为了提高问卷调查的适切性或可靠性，对61个题项进行筛选和修正。项目分析可以检验编制问卷或测验个别题项的合理性与可靠性，从而提高问卷的信度和效度，项目分析的结果可作为题项修改或筛选的依据[①]。

首先，为了使自编问卷更加准确地反映幼儿教师体育胜任力特征，让被调查对象没有难懂、歧义的题目出现。请教育学、学前教育、体育学及儿童心理学5位专家（表5-1）对自评问卷题项进行筛选，删除叙述不清、不易理解、区分度较小及重复提问的项目4个，保留57个题目。

---

① 王东升：《中学体育教师职业韧性研究》，硕士学位论文，福建师范大学，2012。

表5-1 专家基本情况一览表

序号	姓名	职称/学历	专业/研究领域
1	张**	教授/博士	教育学
2	李**	教授/博士	学前教育
3	詹**	教授/博士	体育学
4	黄**	教授/博士	体育学
5	张**	副教授/硕士	儿童心理学

其次，为了检验问卷的题项是否能够鉴别不同被调查者的反应程度，采用临界比率值（Critical Ratio，简称CR值）的方法，将没有达到显著水平的项目予以删除。通过计算高分组和低分组在各题项上的平均得分差异的显著性水平，可判定每项指标的临界比率值。如果临界比率值显著，即表示该项目能鉴别不同受试者的反应程度，鉴别力较好。如果临界比率值不显著，即说明该项目不能鉴别不同受试者的反应程度，将鉴别力较差的进行删除。

通过SPSS22.0计算问卷的总分，单个题项得分越大表示该行为越符合幼儿教师的日常行为或观念，总得分越高表示该幼儿教师的体育胜任力水平越高。其中反向题目5项（Q9、Q14、Q22、Q33、Q44），统计得分时，反向题目从"完全不符合"到"完全符合"原为1—5分，转化成5—1分、4—2分、3—3分、2—4分、1—5分。问卷的总分进行从高到低排序，排序后对样本进行高低分的分组。高分组和低分组样本约占调查样本总数的27%[1]，求得高分组和低分组的样本数各占150，找到高分组中第150个样本所得分数为245分，低分组中第150个样本所得分数为213分，因此确定高分组临界值为245分，低分组临界值为213分。采用独立样本T检验，计算高分组和低分组在各题项上的平均得分差异的显著性水平判定每项指标的临界比率值。从表5-2统计看出，自评问卷除了第11、25、47这3个题目临界值没有达标，其他各个项目的鉴别力都达到了显著水平。删除这3个题项后，最终剩余54个题项。

---

① 钟晓露：《体育教师教育者的胜任力研究》，硕士学位论文，江西师范大学，2021。

表5-2　CR值未达显著性的题项

题项	临界值CR	Sig
11.我相信自己能够教好孩子们	0.854	0.631
25.同事们认为我总是沉着冷静	0.794	0.455
47.如果家长向园长告我的状,我会对他耿耿于怀	1.231	0.972

三、自评问卷信度检验

好的测量工具,应当是稳定的、可信的。信度是对测验结果一致性程度的估计,表明测验的稳定性与可靠性。问卷信度检验反映了一致性的程度,目的在于判断问卷中的题目有没有存在不合适的题目。可采用克隆巴赫(Cronbach)α系数作为评价指标,α系数在0~1之间,越接近1,说明可靠性越好,若低于0.5时就要考虑删除相关题目或调整题目。一般来说,总测验的内部一致性信度和分量表内部一致性信度的α系数达到0.5以上时,认为是可以接受的信度系数[1]。分半信度是将测验题目分成相等的两半,计算被试在这两个半测验中所得的分数的一致性程度,计算其相关系数,作为分半信度指标。本研究采用α系数和分半信度进行信度检验。

从表5-3看出,《幼儿教师体育胜任特征力自评问卷》的信度检验包括α系数和分半信度。总测验α系数为0.912,分半信度为0.848,说明总测验达到信度检验的要求。分量表中F1、F4和F5的α系数均在0.7以上,分半信度也达到了0.6以上,F2的α系数均为0.684,分半信度为0.531,F3的α系数均为0.555,分半信度为0.524。F2和F3的α系数和分半信度稍低于F1、F4和F5,可能和题目数量较少有关。总体来看,无论是整个总测验还是分量表均达到了问卷信度的要求。

---

① 覃朝玲、唐东辉:《体育统计学:Excel与Spss数据处理案例》,西南师范大学出版社,2010,第268-270页。

表5-3　《幼儿教师体育胜任力自评问卷》信度检验

	题目数量	α系数	分半信度
F1	10	0.736	0.657
F2	9	0.684	0.531
F3	9	0.555	0.524
F4	15	0.790	0.659
F5	11	0.746	0.626
总测验	54	0.912	0.848

四、自评问卷效度检验

效度（validity）是指测量工具实际能测量出其所要测量特质的程度，即测量结果所达到测量目的的关系程度。因此，效度的分析与测量目的息息相关。进行效度分析时，关键在于测量问卷的维度和题项的对应关系，是否与研究目的高度相关。一般分为内容效度、结构效度、效标关联效度。内容效度是从内容上分析测验工具实际测到的内容与其所要测量内容之间的吻合程度。主要通过相关领域专家问卷对测量工具内容与所要测量内容之间的吻合程度进行主观判断。结构效度（聚合效度、区分效度）是从测量的结构上分析判断测量工具是否达到了测量目的。一般采用KMO（Kaiser-Meyer-Olkin）检验和巴特利特球形检验（Bartlett Testof Sphericity）检验问卷的结构效度，分析原有变量之间是否具有比较强的相关性。如果KMO系数取值范围在0～1之间，越接近1说明问卷的结构效度越好。如果巴特利特球形检验的显著性（P）小于0.05，可以认为问卷具有良好的结构效度[①]。结构效度分析可采用探索性因子分析或者验证性因子分析。效标关联效度，从测量结果与其他指标的相关性来看，是否达到了测量的目的。本研究中，主要通过专家的访谈评价内容效度，采用探索性因子分析评价结构效度。

为了对问卷内容效度进行检验，采用专家问卷调查法，请7名评议专家对问卷的内容效度（包括是否覆盖所有内容、问卷的表述是否清楚合理及对问卷

[①] 覃朝玲、唐东辉：《体育统计学：Excel与Spss数据处理案例》，西南师范大学出版社，2010，第255-267页。

内容效度的总体评价）进行评价，这7位专家来自不同的专业或研究领域，均对幼儿教师有一定的了解和研究，并且都拥有较高的学历和职称（表5-4）。

表5-4　专家基本情况一览表

序号	姓名	职称/学历	专业/研究领域
1	张**	教授/博士	教育学
2	李**	教授/博士	学前教育
3	陈**	教授/硕士	学前教育
4	詹**	教授/博士	体育学
5	黄**	教授/博士	体育学
6	吴*	副教授/博士	儿童心理学
7	张**	副教授/硕士	儿童心理学

表5-5是专家对自评问卷内容效度的评价。从表中可以看出，问卷全面覆盖所有的内容中有3位专家认为非常合理（占比42.9%），3位专家认为比较合理（占比42.9%），有一位专家认为一般，并且给出了意见，认为缺少对幼儿教师科研能力的问题。经过修改，加入"问题21：我常参与幼儿教育的研究课题"，然后再次征求该专家的意见，最后表示同意。问卷的表述是否清楚恰当中，4位专家认为非常合理（占比57.1%），3位专家认为比较合理（占比42.9%），没有人选择一般、不太合理及不合理。在问卷的总体内容效度评价上，3位专家认为非常合理（占比42.9%），4位专家认为比较合理（占比57.1%），没有人选择一般、不太合理及不合理。因此，根据7位专家的评价来看，自评问卷的总体内容效度较好。

表5-5　专家对自评问卷内容效度的评价

问卷	非常合理	比较合理	一般	不太合理	不合理
问卷全面覆盖所有内容	3(42.9%)	3(42.9%)	1(14.3%)	0	0
问卷的表述清楚恰当	4(57.1%)	3(42.9%)	0	0	0
问卷的总体内容效度	3(42.9%)	4(57.1%)	0	0	0

结构效度是指一个测量工具实际测到的结构或特质的程度。本研究主要通过探索性因子分析评价自评问卷的结构效度。因子分析是利用降维的思想，通过研究原始变量相关矩阵内部的依赖关系，把一些具有错综复杂关系的变量归结为少数几个综合因子的一种多变量统计分析方法[①]。其实质是利用降维思想，研究如何以最少的信息丢失，将众多的原始指标变量浓缩成少数几个因子变量，争取用这少数几个因子变量描述变量之间的联系。同时根据不同因子对变量进行分类，使因子变量具有较强的可解释性的一种多元统计方法。一般通过主成份分析法与方差极大正交旋转法进行探索性因子分析，构建因子结构。

在对数据进行分析前，先要检查数据是否具备进行因子分析的可能，一般采用KMO（Kaiser-Meyer-Olkin）检验和巴特利特球形检验（Bartlett Testof Sphericity），分析原有变量之间是否具有比较强的相关性。KMO检验是对所要检验的变量之间的偏相关系数和简单相关系数的比较，KMO是取样的适当性指标，其值在0~1之间，值越接近1，表示数据对因子分析的适应性越强。0.9以上表示非常适合，0.8表示适合，0.7表示一般，0.6表示不太适合，0.5以下表示极不适，只有KMO>0.5才适合做因子分析。

从表5-6中的结果可以看出，KMO统计量为0.885，说明适合做因子分析。巴特利特球形检验（Bartlett Testof Sphericity）表明，卡方值为6766.314，自由度为1452，显著性为0.000，显著性P<0.001，原球形假设被拒绝，说明相关系数矩阵不是一个单位阵，适合进行因子分析。

表5–6　KMO和巴特利特球形检验

KMO取样适切性量	—	0.885
巴特利特球形度检验	近似卡方	6766.314
	自由度	1452
	显著性	0.000

表5-7是各因子的初始特征值以及累计贡献率，从分析数据可以看出，前5个主成分的特征值均大于1，且他们的累计贡献率达到了77.352%，也就是说5

---

① 何晓群:《多元统计分析》,中国人民大学出版社,2004,第168页。

个公因子能解释77.352%的幼儿教师体育胜任力特征，故选取前5个公共因子。

表5-7 各因子初始特征值以及累计贡献率分析

因素	初始特征			提取载荷平方和		
	总计	方差百分比	累积%	总计	方差百分比	累积%
1	3.556	22.163	23.163	3.556	22.163	23.163
2	3.364	18.992	41.155	3.364	18.992	41.155
3	3.144	17.635	58.790	3.144	17.635	58.79
4	2.860	12.647	71.437	2.860	12.647	71.437
5	2.524	5.915	77.352	2.524	5.915	77.352
6	2.145	4.808	82.160			
7	1.966	3.372	85.532			
8	1.842	3.981	89.513			
9	1.675	3.898	93.411			
10	1.623	1.038	94.449			
……	……	……	……			
54	0.001	0.002	100			

本研究采用主成分分析法抽取幼儿教师体育胜任力的公共因子，并应用正交旋转法对因子进行旋转从而确定因子负荷，旋转后的因子负荷矩阵如表5-8所示。根据因子包含的变量对因子载荷，对得出5个公因子进行命名。责任感、爱岗敬业、尊重幼儿、关爱幼儿、热情耐心在因子1上有较大的载荷，命名为职业道德因子。幼儿保教知识、文化素养和幼儿体育知识在因子2上有较大的载荷，命名为知识结构因子。基本运动技能、体育游戏组织与实施、体育游戏设计与创编在因子3上有较大的载荷，命名为专业素质因子。组织管理能力、师幼互动能力、观察幼儿能力、了解幼儿、教学反思、教学策略等在因子4上有较大载荷，命名为教学能力因子，亲和力、团队合作、进取心、创新能力、终身学习在因子5上有较大载荷，命名为个人特质因子。

144

表5-8　幼儿教师体育胜任特征各项目因子载荷

变量	因子数				
	因子1	因子2	因子3	因子4	因子5
Q1	0.672				
Q2	0.536				
Q3	0.557				
Q4	0.414				
Q6	0.392				
Q7	0.400				
Q15	0.511				
Q19	0.638				
Q30	0.374				
Q33	0.285				
Q5		0.633			
Q8		0.482			
Q9		0.516			
Q12		0.443			
Q13		0.498			
Q23		0.455			
Q24		0.674			
Q29		0.636			
Q40		0.551			
Q11			0.519		
Q14			0.466		
Q21			0.374		
Q42			0.388		
Q43			0.751		
Q44			0.546		
Q45			0.284		
Q49			0.383		
Q54			0.375		

续表5-8

变量	因子数				
	因子1	因子2	因子3	因子4	因子5
Q10				0.554	
Q17				0.572	
Q20				0.583	
Q22				0.642	
Q25				0.354	
Q27				0.432	
Q35				0.486	
Q36				0.672	
Q39				0.351	
Q41				0.655	
Q48				0.620	
Q50				0.546	
Q51				0.517	
Q52				0.438	
Q53				0.443	
Q16					0.651
Q18					0.634
Q26					0.589
Q28					0.612
Q31					0.542
Q32					0.327
Q34					0.418
Q37					0.354
Q38					0.382
Q46					0.227
Q47					0.324

根据提取的5个公因子，建立了幼儿教师体育胜任力类别特征。在幼儿教师职业道德因子中包括责任感、爱岗敬业、尊重幼儿、关爱幼儿、热情耐心5项胜任特征。知识结构因子中包含幼儿保教知识、文化素养、幼儿体育知识3项胜任特征。专业素质中包括基本运动技能、体育游戏组织与实施、体育游戏设计与创编3项胜任特征。教学能力中包括组织管理能力、师幼互动能力、观察幼儿、了解幼儿、教学反思、教学策略6项胜任特征。个人特质中包括亲和力、健康体魄、团队合作、进取心、创新能力、终身学习、善于聆听7项胜任特征。这5项类别也作为幼儿教师体育胜任力模型的二级指标。（表5-9）

表5-9　幼儿教师体育胜任力类别特征

类别	胜任特征
职业道德	责任感、爱岗敬业、尊重幼儿、关爱幼儿、热情耐心
知识结构	幼儿保教知识、文化素养、幼儿体育知识
专业素质	基本运动技能、体育游戏组织与实施、体育游戏设计与创编
教学能力	组织管理能力、师幼互动能力、观察幼儿、了解幼儿、教学反思、教学策略
个人特质	亲和力、健康体魄、团队合作、进取心、创新能力、终身学习、善于聆听

/ 第二节 /

幼儿教师体育胜任力调查分析

将检验合格后的《幼儿教师体育胜任力自评问卷》进行发放，采取随机整群抽样法。利用兰州大学25名本科生的寒假时间，向19个省级行政区的25所幼儿园发放了623份问卷，回收了578份问卷。剔除信息填写不完整、漏选等无效问卷21份，最后保留数据完整的有效问卷557卷份，有效率为89.4%。（表5-10）

表5-10 幼儿教师体育胜任力自评问卷来源分布情况

序号	省级行政区	市县	份数
1	河北省	邢台隆尧县	23
2	河南省	安阳市滑县	11
3	新疆维吾尔自治区	奎屯市	24
4	湖北省	恩施市巴东县	10
5	江西省	新余市渝水区	19
6	新疆维吾尔自治区	昌吉市	14
7	北京市	丰台区	12
8	黑龙江省	齐齐哈尔市龙沙区	30
9	山东省	临沂市莒南县	32
10	甘肃省	兰州市城关区	25
11	安徽省	宣城市宁国市	41
12	山西省	运城市平陆县	23
13	上海市	闵行区	30
14	湖北省	十堰市白浪经开区	30
15	江西省	赣州市兴国县	26
16	山西省	太原市小店区	24
17	湖南省	岳阳市岳阳楼区	24
18	重庆市	梁平区	19
19	陕西省	汉中市汉台区	18
20	河北省	石家庄桥西区	19
21	辽宁省	辽阳市	14
22	浙江省	台州市天台县	21
23	江苏省	徐州市沛县	18
24	陕西省	西安市蓝田县	26
25	广东省	揭阳市揭西县	24

一、问卷调查描述性统计结果分析

表5-11是调查的557份有效问卷样本的描述性统计结果，被试者女性教师（95.3%）远远多于男性教师（4.7%），年龄在20～30岁的占比为76.3%，教龄在0～5年的占52.1%，学历以大专学历居多（51.6%），职称以三级居多，占比为35.6%，月平均收入以2000～3000元占比最多，为40.4%。

总体来看，幼儿教师中女性教师占大多数，可能是由于从事学前教育的学生中女生人数较多。幼儿教师呈现出年轻化的倾向，年龄在20～30岁的占比为76.3%。由于年轻教师居多，教龄0～5年的相应人数也多，相应的职称也较低，三级职称较多。随着教育水平的提高，不少幼儿园在招聘中明确规定大专及以上的学历。从月平均收入来看，2000～3000元居多，整体上幼儿教师工资待遇偏低。

表5-11　调查问卷样本基本情况描述性统计（N=557）

变量名	变量指标	人数(人)	百分比(%)
性别	男	26	4.7
	女	531	95.3
年龄	20～30岁	425	76.3
	31～40岁	103	18.5
	40岁以上	29	5.2
教龄	0～5年	290	52.1
	6～14年	210	37.8
	15年及以上	57	10.1
学历	中专及以下	193	34.7
	大专	287	51.6
	大学本科	72	12.8
	硕士及以上	5	0.9
职称	高级	10	1.8
	一级	76	13.7
	二级	138	24.7

续表5-11

变量名	变量指标	人数(人)	百分比(%)
职称	三级	198	35.6
	未评	135	24.2
平均月收入	1000元以下	12	2.2
	1000~2000元	75	13.5
	2000~3000元	225	40.4
	3000~4000元	183	32.8
	4000元以上	62	11.1

二、幼儿教师体育胜任力调查结果分析

将收集到的557份问卷进行统计和分析，根据五分制原则，从幼儿教师体育胜任力总结的5个维度计算最高分、最低分、平均分和标准差。通过表5-12中的数据总体可以看出，幼儿教师体育胜任力总体水平（总问卷平均分3.174）处于中等偏上水平，但是5个分量表中的3个平均分都在3分以下，说明幼儿教师的知识结构、专业素质、教学能力的胜任力总体水平离"基本符合"还稍有差距。

此外，还可以看出，职业道德平均分分值最高为4.434，说明幼儿教师的职业道德水平较高，职业道德也是教育工作者必须具备的一项重要特征，这一特征适用于任何的教师。知识结构中平均分为2.912，最低分为2分，说明可能有部分教师对于文化知识、幼儿体育知识及幼儿保教知识并不太了解，调研中也发现有部分农村幼儿园的幼儿教师并没有学前教育的学习经历。专业素质中平均分为2.485分，是5个分量表中平均分的最低分。专业素质体现出来的是可以教幼儿一些基础的体育动作或者运动技能或游戏，但是通过调研发现，幼儿教师在五大领域教学中，健康领域中的体育素质相对较低，有部分幼儿教师，特别是女教师并不喜欢运动，加上在学前培养阶段有些院校并没有开设体育专业相关课程，导致专业素质不强。教学能力方面，平均分只有2.919分，同样比较低下，说明教师体育教学能力，包括体育活动的设计、游戏的组织与安排、教学的反思等方面还有待加强。个人特质方面，平均分为3.174，仅低于职业道德，说明整体上教师的个人特质较好，也能够影响幼儿参与体育活动的积极性。

表5-12　幼儿教师体育胜任力自评问卷统计分析

自评项	最低分	最高分	平均分	标准差
职业道德	3	5	4.434	0.981
知识结构	2	5	2.912	2.095
专业素质	1	5	2.485	2.613
教学能力	1	5	2.919	2.116
个人特质	1	5	3.120	1.817
总问卷	2.62	5	3.174	1.853

从职业道德分量表（表5-13）总体看出，幼儿教师职业道德无论是分量表还是各分项，得分均较高，说明多数教师有着较好的职业道德。表中关爱幼儿、尊重幼儿的平均分为4.786分和4.651分，说明大部分幼儿教师能够表现出对孩子的爱与尊重，这同样也是对所有教师而言，在教师职业道德中的基本素质。其次为责任感和爱岗敬业得分均在4分以上，最低的为热情耐心3.866分，说明有部分幼儿教师面对有些调皮的幼儿并不能表现出一定的耐心。

表5-13　职业道德分量表自评问卷统计分析（n=557）

分项	最低分	最高分	平均分	标准差
关爱幼儿	4	5	4.786	0.846
尊重幼儿	4	5	4.651	0.734
责任感	4	5	4.550	0.713
爱岗敬业	4	5	4.318	0.619
热情耐心	3	5	3.866	0.945
分量表	3	5	4.434	0.981

从知识结构分量表（表5-14）总体看出，幼儿教师知识结构分量表平均分为2.912，知识结构胜任力未能达到3分。其中幼儿保教知识平均分为3.412分，文化素养为3.085分，说明多数幼儿教师具备了幼儿保教知识并具备一定的文化素养。在职前培养阶段，幼儿保教知识作为专业性知识，基本能够掌握。文化素养作为通识性知识，多数教师掌握也较好。但是幼儿体育知识平均分为2.237分，是幼儿教师知识结构中得分最少的，说明大部分幼儿教师并没有较好掌握幼儿体育相关知识和技能。

表5-14 知识结构分量表自评问卷统计分析（n=557）

分项	最低分	最高分	平均分	标准差
幼儿保教知识	3	5	3.412	1.684
文化素养	2	5	3.085	1.238
幼儿体育知识	2	5	2.237	2.064
分量表	2	5	2.912	2.695

从专业素质分量表（表5-15）总体看出，幼儿教师专业素质分量表平均分为2.485，同样平均分未能达到3分，说明总体上幼儿教师体育专业素质偏低。其中基本运动技能平均分为2.848分，说明多数幼儿教师较少掌握了基本运动技能，如幼儿趣味田径运动、球类运动、操舞类运动技能等。体育游戏组织与实施平均分为2.065分，体育游戏设计与创编平均分为2.543分，说明幼儿教师在体育游戏上，无论是在设计与创编，还是在组织与实施这方面的能力还相对薄弱。

表5-15 专业素质分量表自评问卷统计分析（n=557）

分项	最低分	最高分	平均分	标准差
基本运动技能	2	5	2.848	1.984
体育游戏组织与实施	2	5	2.065	2.174
体育游戏设计与创编	1	5	2.543	2.653
分量表	1	5	2.485	2.613

从教学能力分量表（表5-16）可以看出，幼儿教师教学能力分量表平均分为2.919，基本达到合格水平。其中教学反思平均分得分最高，为3.520分，说明多数幼儿教师在教学中也常常进行教学反思，这也是教师教学能力提高的重要手段和途径。观察和了解幼儿的这两种能力是幼儿教师是组织实施好幼儿体育教学活动的前提，也是上好幼儿体育课的关键。在日常生活中，教师应该有意识地观察孩子们的兴趣爱好、个性特征、运动能力等。观察能力平均分为3.282，了解幼儿能力平均分为3.074，说明幼儿教师具备一定的观察和了解幼儿的能力。在幼儿体育活动中，教师与幼儿的互动是组织实施好一堂幼儿体育课重要的一环，通过互动能了解孩子们的真实想法和情况，才能采取相应措施，改进教学方法和策略，从而有效提高体育活动教学质量。从表中可以看出，师幼互动能

力平均分为3.520分，组织管理能力平均分为3.126，说明多数幼儿教师具备一定的师幼互动能力和组织管理能力。善于聆听和教学策略平均分为2.185分和2.174分，这两项得分较低。通过聆听能够了解孩子们的想法，也是制定相应教学策略的依据，因此，幼儿教师应多渠道、多路径地加强与孩子的沟通和交流。

表5-16　教学能力分量表自评问卷统计分析（n=557）

分项	最低分	最高分	平均分	标准差
师幼互动能力	2	5	3.074	1.886
观察能力	1	5	3.282	2.152
教学反思	1	5	3.520	2.036
了解幼儿能力	2	5	3.074	1.784
组织管理能力	2	5	3.126	1.724
善于聆听	1	5	2.185	2.637
教学策略	1	5	2.174	2.545
分量表	1	5	2.919	2.116

从个人特质分量表（表5-17）可以看出，幼儿教师个人特质分量表平均分为3.120，基本达到合格水平。其中亲和力、终身学习、团队合作、进取心、创新能力平均分都在3分以上，说明幼儿教师个人特征较为显著。但是健康体魄平均分为2.084分，是个人特质分量表中最低的一项，说明多数幼儿教师在拥有健康体魄方面的胜任力还较弱。

表5-17　个人特质分量表自评问卷统计分析（n=557）

分项	最低分	最高分	平均分	标准差
亲和力	2	5	3.113	1.504
健康体魄	1	5	2.084	2.656
终身学习	2	5	3.156	1.756
团队合作	2	5	3.448	1.852
进取心	2	5	3.680	1.377
创新能力	1	5	3.241	2.63
分量表	1	5	3.120	1.817

/ 第三节 /

幼儿教师体育胜任力影响因素分析

基于前一节摸清幼儿教师体育胜任力的调查结果分析上，为了进一步摸清幼儿教师体育胜任力的影响因素，本节进行了外部影响因素的相关分析。幼儿教师体育胜任力受到诸多因素的影响，除了前一节分析的职业道德、知识结构、专业素质、教学能力、个人特质内部因素外，还受到诸多外部因素的影响，例如工资待遇、年龄、教龄、学历、职称、性别、地区差异等外部因素的影响。问卷调查发放过程中发现，由于很多学校所在地填写"农村"的被试单位位于东部沿海城市，其经济较为发达的乡镇与另外一部分位于内地部分选择"城市"的被试单位在学校办学条件上相差无几，部分地区条件还优于内地城市的学校。因此，在本研究删除地区差异，重点从年龄、教龄、学历、职称、薪酬5个变量对幼儿教师体育胜任力的外部影响因素进行研究。

一、年龄变量对幼儿教师体育胜任力的影响

本研究中将研究对象的年龄组别分为3组：20～30岁、31～40岁、40岁以上。40岁以上组得分最低，均值为3.142分；31～40岁教师胜任力最高，均值达到了3.674。从胜任力总体水平来看，在30岁以后，随着年龄的增长，幼儿教师体育胜任力逐步提高，但是在40岁以后呈下降趋势（表5-18）。

表5-18　幼儿教师年龄组别统计表

年龄阶段	人数	均值	标准差	标准误
20～30岁	425	3.156	0.482	0.075
31～40岁	103	3.674	0.587	0.041
40岁以上	29	3.142	0.521	0.235

采用One-Way ANOVA分析各年龄组教师体育胜任力水平的差异，结果表明，31~40岁组教师胜任力均值显著高于20~30岁组（P<0.01），20~30岁组与40岁以上组教师的体育胜任力均值并无显著性差异（P>0.05），31~40岁组与40岁以上组教师的体育胜任力有非常显著的差异（P<0.01）（表5-19）。由此可知，31~40岁教师的体育胜任力总体明显高于20~30岁组和40岁以上组的教师，可能由于20~30岁年龄组幼儿教师参加工作时间不长，知识技能的储备不够丰富，体育教学的实践经验也比较少，从而导致胜任力水平较低。40岁以上组虽然教学经验丰富，但体力、运动能力等方面会随着年龄的增加而下降。因此，在这3个年龄阶段中，31~40岁组的幼儿教师体育胜任力最优。

表5-19　幼儿教师年龄差异显著性分析

年龄阶段（I）	年龄（J）	均值差（I-J）	标准误	显著性
20~30岁	31~40岁	−0.491	0.075	0.000**
	40岁以上	−0.014	0.141	0.458
31~40岁	20~30岁	0.491	0.075	0.000**
	40岁以上	0.505	0.097	0.000**

注：*P<0.05，**P<0.01

二、教龄变量对幼儿教师体育胜任力的影响

本研究将幼儿教师的教龄时间分为3个组别：0~5年、6~14年、15年以上。经统计看出，教龄在0~5年以内的年轻教师胜任力均值水平为3.421分，6~14年教龄的教师胜任力水平最高为3.856分，15年以上教龄的教师胜任力水平为3.375分（表5-20）。总体上看，教龄在6~14年的幼儿教师其体育胜任力最高，但是15年以上教龄后，幼儿教师体育胜任力略有下降。

表5-20　幼儿教师教龄统计表

教龄	人数	均值	标准差	标准误
0~5年	290	3.421	0.524	0.061
6~14年	210	3.856	0.638	0.075
15年及以上	57	3.375	0.587	0.693

采用One-Way ANOVA分析各年龄组教师体育胜任力水平的差异。结果表明,0~5年组教龄幼儿教师体育胜任力与6~14年教龄相比,有非常显著的统计学差异(P<0.01),0~5年组与15年以上组幼儿教师的体育胜任力并无显著差异(P>0.05);6~14年组与0~5年组、15年以上组教师的体育胜任力均有非常显著差异(P<0.01)(表5-21)。由此可知,6~14年教龄的幼儿教师体育胜任力总体上明显高于0~5年和15年以上教龄的教师。一般来讲,3~5年以内的工作是属于初级阶段,5年之后,部分教师进入胜任阶段,10年之后熟练阶段,15年之后可能因为职业倦怠、体力精力下降等原因导致体育胜任力下降的趋势。因此,在教龄层面上幼儿教师体育胜任力整体体现出倒"V"的变化趋势。

表5-21 幼儿教师教龄差异显著性分析

教龄阶段(I)	教龄(J)	均值差(I-J)	标准误	显著性
0~5年	6~14年	−0.435	0.635	0.000**
	15年及以上	−0.046	0.362	0.638
6~14年	0~5年	0.435	0.635	0.000**
	15年及以上	0.481	0.097	0.000**

注:*P<0.05,**P<0.01

三、学历变量对幼儿教师体育胜任力的影响

研究结果显示,随着学历的提高,幼儿教师体育胜任力也不断增长,中专学历的幼儿教师教学胜任力最低,为3.10分,硕士及以上学历最高,达3.87分。教师体育胜任力随学历提升而增长(表5-22)。

表5-22 幼儿教师学历统计表

学历	人数	均值	标准差	标准误
中专及以下	193	3.10	0.562	0.075
大专	287	3.17	0.482	0.066
大学本科	72	3.62	0.663	0.041
硕士及以上	5	3.87	0.521	0.571

经One-Way ANOVA分析结果显示，中专及以下学历与大学本科、硕士及以上相比胜任力水平有非常显著性差异（P<0.01），中专与大专相比胜任力没有显著性差异（P>0.05）；大专学历与大学本科、硕士及以上学历有非常显著性差异（P<0.01）；本科学历与中专及以下、大专学历幼儿教师体育胜任力水平相比，有非常显著性差异（P<0.01），但是与硕士及以上没有显著性差异（P>0.05），说明本科学历是幼儿教师体育胜任力的分水岭；硕士及以上学历幼儿教师胜任力显著高于中专及以下学历和大专学历（P<0.01），硕士学历与大学本科学历教师体育胜任力差异不显著（P>0.05）（表5-23）。

表5-23 幼儿教师学历差异显著性分析

学历(I)	学历(J)	均值差(I-J)	标准误	显著性
中专及以下	大专	−0.07	0.085	0.438
	大学本科	−0.52	0.116	0.000**
	硕士及以上	−0.77	0.208	0.000**
大专	中专及以下	0.07	0.085	0.438
	大学本科	−0.45	0.128	0.000**
	硕士及以上	−0.70	0.185	0.000**
大学本科	中专及以下	0.52	0.085	0.000**
	大专	0.45	0.128	0.000**
	硕士及以上	−0.25	0.076	0.298
硕士及以上	中专及以下	0.77	0.208	0.000**
	大专	0.70	0.185	0.000**
	大学本科	0.25	0.076	0.298

注：*P<0.05，**P<0.01

四、职称变量对幼儿教师体育胜任力的影响

从表5-24结果显示，随着幼儿教师职称的提高，幼儿教师体育胜任力也不断增长，未评职称的教师体育胜任力均值得分最低为2.64分，高级职称教师胜任力最高，达3.87分。一级教师胜任力水平均值高于二级教师，二级教师胜任力水平均值高于三级教师。由此可见，幼儿教师体育胜任力随职称的提升而增长。

表5-24　幼儿教师职称统计表

职称	人数	均值	标准差	标准误
高级	10	3.85	0.563	0.452
一级	76	3.65	0.496	0.655
二级	138	3.42	0.732	0.732
三级	198	2.81	0.554	0.569
未评	135	2.64	0.420	0.156

经One-Way ANOVA分析结果显示，高级职称与二级、三级、未评级的幼儿教师相比，存在非常显著的差异（P<0.01），但高级职称与一级教师体育胜任力没有显著性差异（P>0.05）；一级职称与三级和未评级幼儿教师体育胜任力有显著性差异（P<0.01），但是一级与高级、二级差异不显著（P>0.05）；二级职称与高级、三级和未评级的教师体育胜任力有显著性差异（P<0.01），与一级教师胜任力差异不显著（P>0.05），说明二级职称是幼儿教师体育胜任力的分水岭；三级职称幼儿教师体育胜任力与高级、一级、二级相比有非常显著性差异（P<0.01），与未评级教师体育胜任力差异有差异（P<0.05）；未评级幼儿教师体育胜任力的与高级、一级、二级有非常显著性差异（P<0.01），与三级教师相比差异不显著（P>0.05）（表5-25）。

表5-25　幼儿教师职称差异显著性分析

学历(I)	学历(J)	均值差(I-J)	标准误	显著性
高级	一级	0.20	0.563	0.756
	二级	0.43	0.496	0.000**
	三级	1.04	0.732	0.000**
	未评	1.21	0.554	0.000**
一级	高级	−0.20	0.420	0.156
	二级	0.23	0.078	0.531
	三级	0.84	0.562	0.000**
	未评	1.01	0.877	0.000**

学历(I)	学历(J)	均值差(I-J)	标准误	显著性
二级	高级	−0.43	0.536	0.000**
	一级	−0.23	0.525	0.568
	三级	0.61	0.456	0.000**
	未评	0.78	0.762	0.000**
三级	高级	−1.04	0.993	0.000**
	一级	−0.84	0.638	0.000**
	二级	−0.61	0.556	0.000**
	未评	0.17	0.023	0.036*
未评	高级	−1.21	0.635	0.000**
	一级	−1.01	0.856	0.000**
	二级	−0.78	0.779	0.000**
	三级	−0.17	0.635	0.065

注：*P<0.05，**P<0.01

五、工资变量对幼儿教师体育胜任力的影响

由表5-26可知，将工资待遇分为5个级别，月薪在1000元以下的教师教学胜任力最低，得分为2.85。月薪在1000~2000元的均值为3.36，月薪在2000~3000元的均值为3.57，月薪在3000~4000元的均值为3.74，月薪在4000元以上教师的得分最高为3.85。可见，随着幼儿教师收入的增加，教师体育胜任力也不断提高。

表5-26 幼儿教师工资待遇统计表

工资待遇	人数	均值	标准差	标准误
1000元以下	12	2.85	0.412	0.145
1000~2000元	75	3.36	0.536	0.063
2000~3000元	225	3.57	0.538	0.078
3000~4000元	183	3.74	0.578	0.066
4000元以上	62	3.85	0.489	0.136

经One-Way ANOVA分析结果显示，月薪1000元以下与1000～2000元、2000～3000元、3000～4000元、4000元以上相比幼儿教师体育胜任力均存在非常显著的差异（P<0.01）；月薪1000～2000元与1000元以下、3000～4000元和4000元以上相比有非常显著的差异（P<0.01），与2000～3000元相比有显著的差异（P<0.05）；月薪2000～3000元与1000元以下相比有非常显著的差异（P<0.01），与月薪1000～2000元、3000～4000元、4000元以上相比有显著性差异（P<0.05）；月薪3000～4000元与1000元以下和1000～2000元相比有非常显著的差异（P<0.01），与2000～3000元相比有显著的差异（P<0.05），但是与4000元以上相比没有显著性差异（P>0.05）；4000元以上与1000元以下、1000～2000元相比有非常显著的差异（P<0.01），与2000～3000元相比有显著性差异（P<0.05），与3000～4000元相比没有显著性差异（P>0.05）（表5-27）。

表5-27 幼儿教师体育胜任力的工资待遇差异显著性

工资待遇（I）	工资待遇（J）	均值差（I-J）	标准误	显著性
1000元以下	1000～2000元	−0.51	0.185	0.000**
	2000～3000元	−0.72	0.163	0.000**
	3000～4000元	−0.89	0.174	0.000**
	4000元以上	−1.00	0.188	0.000**
1000～2000元	1000元以下	0.51	0.185	0.000**
	2000～3000元	−0.21	0.096	0.026*
	3000～4000元	−0.38	0.073	0.000**
	4000元以上	−0.49	0.064	0.000**
2000～3000元	1000元以下	0.72	0.163	0.000**
	1000～2000元	0.21	0.096	0.026*
	3000～4000元	−0.17	0.054	0.045*
	4000元以上	−0.28	0.135	0.036*
3000～4000元	1000元以下	0.89	0.174	0.000**
	1000～2000元	0.38	0.073	0.000**
	2000～3000元	0.17	0.054	0.045*
	4000元以上	−0.11	0.235	0.365

续表5-27

工资待遇(I)	工资待遇(J)	均值差(I-J)	标准误	显著性
4000元以上	1000元以下	1.00	0.188	0.000**
	1000~2000元	0.49	0.064	0.000**
	2000~3000元	0.28	0.135	0.036*
	3000~4000元	0.11	0.235	0.365

注：*P<0.05，**P<0.01

/ 第四节 /

研究小结

为了解我国当前幼儿教师体育胜任力水平的现状及影响因素，本章节基于上一章节构建的幼儿教师体育胜任力模型，对全国19个省级行政区的25所幼儿园进行问卷调查的实证研究。

以构建的幼儿教师体育胜任力模型为基础，以职业道德、知识结构、专业素质、教学能力、个人特质5个维度和24个重要性特征词汇为依据，编制了《幼儿教师体育胜任力自评问卷》，该问卷包含61道封闭式题目。通过专家访谈法、临界比率值（CR值）方法，对题项进行删选和修正，最终确定了54道题目。

为保证调查问卷的可靠性，对自编问卷进行信效度检验。信度检验包括α系数和分半信度。总测验α系数为0.912，分半信度为0.848，说明总测验达到信度检验的要求，分量表同样也达到了问卷信度的要求。根据7位专家的评价来看，自评问卷的总体内容效度较好。通过探索性因子分析检验自评问卷的结构效度，通过检验表明该问卷可以做因子分析，根据各因子的初始特征值以及累计贡献率结果表明，选取前5个公共因子能够解释的累计贡献率达到了77.352%，并对5个公因子进行命名，包括职业道德、知识结构、专业素质、教学能力和个人特质5个维度，共24项幼儿教师体育胜任特征。信效度检验结果总体表明，本研究所设计的《幼儿教师体育胜任力自评问卷》达到了问卷信效度的要求，可以对幼儿教师体育胜任力进行调查研究。

调查研究发现，幼儿教师中女性教师占大多数，并且呈现出年轻化的倾向。表现在年龄在20～30岁的占比76.3%，由于年轻教师居多，教龄0～5年的相应人数也多，相应的职称也较低，三级职称较多。随着教育水平的提高学历有所提升，大部分为大专以上，整体上幼儿教师工资待遇偏低。从幼儿教师体育胜任力的5个维度统计最高分、最低分、平均分和标准差。调查表明，总问卷平均分3.174，说明总体上幼儿教师体育胜任力总体水平处于中等偏上水平。5个分量表中平均分最高的为职业道德分量表，其次为个人特质分量表。但是知识结构、专业素质、教学能力分量表的平均分都在3分以下，说明这3项总体胜任力水平离"基本符合"还稍有差距。

分析影响幼儿教师体育胜任力的5个外部变量因素，从年龄因素来看，在30岁以后，随着年龄的增长，幼儿教师体育胜任力逐步提高，31～40岁教师的体育胜任力总体上明显高于20～30岁组和40岁以上组的教师，说明31～40岁组的教师体育胜任力最好。从教龄来看，教龄在6～14年的教师其教学胜任力呈上升趋势，15年以上的教师胜任力略有下降，整体体现出一个倒"V"的变化趋势。随着学历的提高，幼儿教师体育胜任力也不断增长，硕士及以上学历最高，硕士研究生学历显著高于中专及以下学历和大专学历，但与大学本科学历教师体育胜任力差异不显著。说明大学本科学历是幼儿教师体育胜任力的学历分水岭。随着职称要求的提高，幼儿教师体育胜任力也不断增长，高级职称教师胜任力最高，高级职称与二级、三级、未评的存在显著性差异，但与一级没有显著性差异。说明二级职称是幼儿教师体育胜任力的职称分水岭。随着收入的增加，教师教学胜任力也不断提高，月薪在4000元以上教师的得分最高。4000元以上与1000元以下、1000～2000元、2000～3000元均有显著性差异，与3000～4000元没有显著性差异。说明月薪在3000～4000元是幼儿教师体育胜任力的薪酬分水岭。

附　件

／附件1／
幼儿教师体育胜任特征专家调查问卷

　　尊敬的专家您好！我是兰州大学一名体育教师，正在完成《幼儿教师体育胜任力模型构建与实证研究》课题。幼儿教师体育胜任力是幼儿教师在幼儿体育活动中，能够有效或者出色地完成体育活动的能力。希望通过调查，为科学地确定幼儿教师体育胜任特征指标提供重要的参考依据。本课题现已初步拟定出幼儿教师体育胜任力特征专家调查问卷，包括66项幼儿教师体育胜任力特征。请您根据您的理解和实际情况认真填写其重要程度。感谢您在百忙之中，为本课题研究提出宝贵建议和意见！

　　一、基本情况

　　1.姓名：

　　2.性别：

　　3.您的工作单位：

　　4.您的学历：

　　5.您的职称：

　　6.您的职务：

　　7.您的研究领域：

二、幼儿教师体育胜任力特征的重要程度评价

问卷填写说明：经过文献的阅读与思考，本文所构建的幼儿教师体育胜任特征共有66个胜任特征指标，请您对各胜任特征的重要程度进行评价，其中1到5分分别表示不重要、不太重要、一般、比较重要、非常重要，在重要程度栏划"√"，每项只选一种程度。

序号	胜任特征	1	2	3	4	5
1	责任感					
2	进取心					
3	事业心					
4	成就动机					
5	文化素养					
6	自尊自信					
7	尊重幼儿					
8	关爱幼儿					
9	奉献精神					
10	团队合作					
11	爱岗敬业					
12	自我价值					
13	基本运动技能					
14	基本文化知识					
15	幼儿教育知识					
16	幼儿保育知识					
17	幼儿体育知识					
18	教学艺术					
19	教研知识					
20	观察幼儿能力					
21	了解幼儿能力					
22	创新能力					
23	教学策略					
24	体育游戏设计与创编					

序号	胜任特征	1	2	3	4	5
25	体育游戏组织与实施					
26	教材驾驭					
27	组织管理能力					
28	师幼互动能力					
29	交往能力					
30	家园共育能力					
31	教学反思					
32	应变能力					
33	发现问题					
34	逻辑分析能力					
35	善于聆听					
36	创设环境					
37	体育评价					
38	言语表达					
39	多媒体操作					
40	激励鼓励					
41	自我调节能力					
42	科研能力					
43	获取信息能力					
44	善于思考					
45	服务意识					
46	教学启发能力					
47	热情耐心					
48	谦逊包容					
49	诚实正直					
50	坚毅品质					
51	兴趣广泛					
52	阳光开朗					
53	亲和力					
54	自我形象					

续表

序号	胜任特征	1	2	3	4	5
55	健康体魄					
56	行为习惯					
57	乐观积极					
58	人际关系					
59	独立见解					
60	终身学习					
61	幽默感					
62	思维灵活					
63	适应性					
64	洞察力					
65	领导力					
66	批判思维					

其他补充意见:

非常感谢您的帮助和支持!

/附件2/
幼儿教师体育胜任特征问卷调查（园长、教师、学生）

尊敬的各位园长、老师、学生您好！我是兰州大学一名体育教师，正在研究《幼儿教师体育胜任力模型构建与实证研究》课题。请您浏览下面列举的61项胜任特征，然后在您认为幼儿教师体育教学工作中最重要的胜任特征后面的方框内打"√"，数量规定在20个。感谢您在百忙之中，为本课题研究提出宝贵的建议和意见。

职业道德		体育游戏设计与创编		谦逊包容	
文化素养		体育游戏组织与实施		诚实正直	
事业心		组织管理班级能力		坚毅品质	
责任感		师幼互动能力		兴趣广泛	
进取心		交往能力		阳光开朗	
创新精神		家园共育能力		亲和力	
尊重幼儿		教学反思		自我形象	
关爱幼儿		团结协作		情绪健康	
奉献精神		发现问题		行为习惯	
团队合作		逻辑分析能力		乐观积极	
爱岗敬业		解决问题		人际关系	
自我价值		创设环境		自我反思	
成就动机		体育评价		终身学习	
文化素养		言语表达		幽默感	
幼儿教育知识		领导力		思维严谨	
幼儿保育知识		激励艺术			
体育实践知识		自我调节能力			
幼儿体育知识		科研能力			
教研知识		获取信息能力			
观察幼儿能力		善于思考			
了解幼儿能力		教学艺术			
创新能力		教学启发能力			
教学策略		热情耐心			

/ 附件3 /

幼儿教师体育胜任力访谈提纲

尊敬的老师您好，我是兰州大学体育教研部的一名教师，现将进行关于幼儿教师体育胜任力方面的学术研究。幼儿教师体育胜任力是幼儿教师在幼儿体育活动中，能够有效或者出色地完成体育活动的能力，包括职业道德、体育专业知识、运动技能及个人特质等。本次访谈的目的是了解幼儿教师在开展体育活动过程中的一些工作情况。您的回答仅仅作为学术研究之用，绝不会透露任何有关您的信息，谢谢您的支持！

一、请回答您个人基本信息：姓名、性别、年龄、毕业院校、所学专业、授课班级、执教年限、教学奖励等。

二、在您开展幼儿体育活动过程中（体育课、户外体育活动、早操锻炼、运动会、远足、郊游等），一定有许多您认为做得非常满意、高兴、令人欣慰的成功事例，当然也有遗憾、失意、不成功的事例，这些事情都会给您留下深刻的记忆。请您回忆过去一年或半年中开展体育活动过程中所经历的6个"关键事件"，包括最成功的3件事和最不成功的3件事，请您尽可能地完整回忆并描述每个事件的8个方面：

1.是什么事情？

2.该事件具体是怎样的一个情形（时间、地点、环境以及都有谁参与）？

3.您在当时情况下有何反应（高兴、激动、惊讶、恐慌等）？

4.这件事发生的原因是什么？怎样引起的？

5.在这件事情当中，您采取了哪些实际的措施，做了什么或说了些什么？或您当时希望怎么做？

6.在这件事中，您承担了什么角色？其他人有什么反应？

7.该事件的结果如何？成功或不成功的原因是什么？

8.该事件对您以后工作产生了什么样的影响？

非常感谢您能抽出宝贵的时间接受我的访谈，谢谢！

/附件4/
幼儿教师体育胜任力编码辞典举例

1.幼儿教师胜任特征名称、定义——以基本动作技能为例

胜任特征名称	基本动作技能
定义	人体非自然发生的基础运动学习模式,是进行复杂的身体活动和体育活动的基础。包括移动性动作技能、操作性动作技能、控制性动作技能。
核心问题	(1)动作掌握:教师能熟练掌握多种基本动作技能,具备多种基本动作技能的理论和实践知识和能力。
	(2)教学指导:在幼儿体育活动中能恰当讲解并示范规范的动作技能,对错误动作进行有效纠正和指导,促进基本动作技能的形成。
	(3)影响因素:教授基本运动技能过程中能充分考虑个体、环境、约束因素对动作技能的影响,并创造有利于幼儿学习基本动作技能的环境。
	(4)学习困难:当面对幼儿学习基本动作出行困难和问题时,能找出其中的原因,并能自己能想办法解决问题,循序渐进帮助幼儿获得基本动作技能。
	(5)与发展的关系:基本动作技能是幼儿身体全面发展的基础,是整体发展的重要组成部分。在体育教学中,结合其他领域共同促进幼儿全面发展。

2.幼儿教师胜任特征行为描述释义—以基本动作技能为例

等级	行为描述
B1:不能掌握	完全不能掌握基本动作技能,也不具备相应理论和实践知识;教学中不能恰当讲解并示范规范的动作技能,对错误动作进行有效纠正和指导;完全不了解其影响因素;当幼儿动作学习困难时,完全不知道如何应对;不能理解与其他领域发展的关系。
B2:掌握较少	较少掌握基本动作技能,具备一点相应理论和实践知识;教学中较少讲解并示范规范的动作技能,对错误动作无法进行有效纠正和指导;不知道其影响因素;当幼儿动作学习困难时,基本不知道如何应对;与其他领域发展的关系理解较少。

续表

等级	行为描述
B3：基本掌握	能掌握基本动作技能，但不具备复杂动作技能；教学中基本能讲解并示范规范的动作技能，对常见错误动作一般能进行纠正和指导；基本知道其影响因素；当幼儿动作学习有常见的困难时，基本知道如何应对；基本理解与其他领域发展的关系。
B4：多数掌握	能掌握多数基本动作技能，具备相应理论和实践知识；教学中多数情况下能讲解并示范规范的动作技能，对错误动作可以进行有效纠正和指导；了解其影响因素；当幼儿动作学习困难时，知道如何应对；能理解与其他领域发展的关系。
B5：完全掌握	完全能掌握基本动作技能，具备相应理论和实践知识；教学中能恰当讲解并示范规范的动作技能，对错误动作完全可以进行有效纠正和指导；很清楚知道其影响因素；当幼儿动作学习困难时，知道如何应对并采取相应措施；能清楚理解与其他领域发展的关系。

/附件5/

《幼儿教师体育胜任力自评问卷》效度专家检验

　　尊敬的专家：您好！我是兰州大学一名体育教师，正在开展《幼儿教师体育胜任力模型构建与实证研究》课题。幼儿教师体育胜任力是幼儿教师在幼儿体育活动中，能够有效或者出色地完成体育活动的能力。包括职业道德、知识结构、专业素质、教学能力及个人特质5个维度，每个维度下若干题目，共设计了54道题目。本次访谈的目的是对问卷做内容效度的评价。十分感谢您在百忙之中抽出宝贵的时间作问卷的内容效度的评价，您的建议和意见将是我完成本研究的重要保证，衷心感谢您的支持与帮助！

一、您的基本情况

1.职称：

2.学历：

3.专业方向/研究领域：

二、对问卷的效度评价：（请您在相对应的选项上划"√"）

1.您认为本问卷调查是否全面涵盖了测量的所有内容？

（1）很全面　　（2）全面　　（3）一般　　（4）不全面　　（5）很不全面

2.您认为本问卷的表述是否准确、清晰、恰当？

（1）很合理　　（2）合理　　（3）一般（　4）不合理　　（5）很不合理

3.您对调查问卷的总体内容效度评价是？

（1）很高　　（2）较高　　（3）一般　　（4）较低　　（5）很低

三、您对问卷的内容效度的其他意见：

再次感谢您的帮助！

/附件6/

幼儿老师体育胜任力自评问卷

尊敬的各位老师您好，我是兰州大学一名体育教师，正在做《幼儿教师体育胜任力模型构建与实证研究》相关研究。幼儿教师体育胜任力是幼儿教师在幼儿体育活动中，能够有效或者出色地完成体育活动的能力。感谢您在百忙之中抽出时间来完成这份问卷，本问卷主要是了解幼儿教师体育工作中的行为特点，由于每个人在实际工作中各有特色，所以您的答案并没有对错之分。本问卷采用不记名填写，所获信息仅用于研究之用，决不会对您及贵园造成任何声誉上的影响。您的认真和坦诚对我们的研究非常重要，望各位老师能够大力支持，谢谢合作！

第一部分　基本信息（请打"√"）

1.您的性别：（1）男（2）女

2.您的年龄：（1）25岁及以下（2）26—30岁

（3）31—40岁（4）41岁及以上

3.您的教龄：（1）0—5年（2）6—14年（3）15年及以上

4.您目前的最高学历：

（1）中专及以下（2）大专（3）大学本科（4）硕士及以上

5.您的职称：（1）高级（2）一级（3）二级（4）三级（5）未评

6.平均月收入：（1）1000元以下　（2）1000～2000元　（3）2000～3000元　（4）3000～4000元　（5）4000元以上

7.您所在园所的性质：（1）公立园（2）私立园（3）其他

8.您所在园所所在地：（1）城镇（2）农村（3）城乡接合部

第二部分　幼儿教师体育胜任力自评问卷

请各位老师认真阅看每一道题目，并根据自己的实际情况放心作答。1表示完全不符合，2表示基本不符合，3表示符合，4表示基本符合，5表示完全符合。请在对应等级下的框内打"√"。

题号	题目	实际表现程度				
		1	2	3	4	5
1	我很热爱幼儿教育工作,并感到很有意义					
2	我愿意在工作上投入了大量的时间和精力					
3	只要为了更好地工作,我会主动加班或放弃休假					
4	当幼儿需要帮助时,我会提供帮助					
5	我具备幼儿教育学科基本知识和技能					
6	当看到幼儿取得进步时,我也很自豪					
7	我觉得自己对幼儿的成长和发展有责任					
8	我掌握了幼儿保育的基本理论和方法					
9	我的幼儿体育知识还很匮乏					
10	我能清楚地用语言表达我想说的话					
11	创编设计幼儿体育游戏对我来说很简单					
12	我有强烈的求知欲望,从没停止过学习新知识					
13	我的文化知识很全面也很丰富					
14	我会不自觉地把不良情绪带到班上					
15	我把班上的幼儿当作自己的孩子一样对待					
16	我的身体很健康,体格很强壮					
17	体育课上,我组织有序,管理得当					
18	我善于倾听小朋友们的想法,乐意和他们交流					
19	面对工作压力,我能够很快冷静下来,并积极投入工作					
20	我常常观察孩子们,并且很清楚他们的想法和做法					
21	我常参与幼儿教育的研究课题					
22	体育活动中,遇到棘手问题,我不知道怎么办					
23	我掌握了幼儿保教的基本知识和技能					
24	我总是利用业余时间不断弥补自己所欠缺的体育知识					
25	体育活动中,我常和孩子们一起玩耍,一起讨论问题					
26	我能很快接受各种新事物和新理念					

续表

题号	题目	实际表现程度				
27	教学反思已经成为我工作的常态					
28	我会为自己设定具有挑战性的工作,并付出行动					
29	我的文化知识比较广泛、全面					
30	幼儿在体育活动课发生运动损伤,我很难过					
31	相信自己能够很好地完成工作和处理好各种问题					
32	我能够与孩子们、家长、同事、领导进行有效的沟通和合作					
33	对那些接受能力较差的孩子,我往往会表现出不耐烦					
34	体育课上,小朋友们都爱和我玩					
35	我会花时间深入了解每个幼儿的个性特点及兴趣爱好					
36	当感到教学效果不好时,我会及时调整教学策略					
37	我很善于学习他人的优点,并为自己所用					
38	我很清楚自己的优点和不足,并不断加以改进					
39	我经常对体育活动中存在的各种问题进行总结归纳					
40	我平时并特别注重体育知识的学习和积累					
41	我已经形成了自己独特且新颖的体育教学风格					
42	我的体育游戏设计每次都很巧妙且非常具有针对性					
43	我掌握了多种体育基本运动技能,并且能教授给孩子们					
44	我并不清楚幼儿园体育活动目标、内容、方法等					
45	我会为不同发展水平的幼儿,创设不同的体育游戏内容					
46	遇到困难时,我常常和同事们一起讨论解决问题的办法					
47	我常常和孩子们分享有趣的事					
48	我很善于捕捉各种教育契机,并加以开发和利用					
49	我很喜欢体育运动,课后自己也常常锻炼					
50	我能很好地处理体育教学过程中出现的各种突发事件					
51	孩子们很喜欢上我的体育游戏课,特别开心					
52	我能感受到孩子们身体素质的提高					
53	体育活动中,我常常提问,孩子们也能积极回答问题					
54	我经常查阅和创编新的体育游戏活动					

参考文献

中文文献：

［1］财政部.财政部下达支持学前教育发展资金230亿元持续推进学前教育普及优质发展［EB/OL］.（2022-05-13）［2024-10-30］.http://www.gov.cn/xinwen/2022-05/13/content_5690120.htm.

［2］蔡晓军.高校教师胜任力模型分析综述［J］.教育与职业,2009(15):165-166.

［3］程凤春.学校管理者胜任力研究及其成果应用［J］.比较教育研究,2004(03):59-63.

［4］陈德云,周南照.教师专业标准及其认证体系的开发——以美国优秀教师专业标准及认证为例［J］.教育研究,2013,034(007):128-135.

［5］陈端.天津市幼儿园教师胜任力现状调查研究［D］.天津:天津师范大学,2020.

［6］陈娟.幼儿教师胜任特征模型的建构［D］.重庆:西南大学,2009.

［7］陈敏,吴姜月,宋巨华,王海波.高校体育教师胜任特征模型及相关性研究［J］.社会科学家,2012(S1):223-224.

［8］陈敏.福建省普通高校体育教师胜任特征与工作绩效关系研究［D］.福州:福建师范大学,2014.

［9］陈希.家园合作中教师沟通胜任力研究［D］.重庆:西南大学,2015.

［10］陈永明.教师教育研究［M］.上海:华东师范大学出版社,2002:346.

［11］陈祖学,曲静.贵州民族地区中小学体育教师胜任力量表的编制［J］.安徽体育科技,2019,40(02):64-67.

[12]党圣鸣,任嵘嵘,邢钢.基于灰关联的学生管理型教师胜任力评价模型研究[J].西北师范大学学报(自然科学版),2009,45(02):21-25.

[13]翟西宝,张贞齐.幼儿教师胜任力特征探析[J].人力资源管理,2015(10):151-152.

[14]翟之月.幼儿教师班级管理胜任力现状研究[D].青岛:青岛大学,2019.

[15]董圣鸿,胡小燕,余琳燕,王燕.幼儿教师胜任力研究:基于BEI技术的模型构建[J].心理学探新,2016,36(05):451-457.

[16]冯旭芳,张桂春.高职院校教师实践教学胜任力结构模型构建[J].职教论坛,2021,37(01):105-112.

[17]符淮青,张万起.现代汉语学习词典[M].北京:商务印书馆,2010.

[18]高健.幼儿园教师健康教育胜任力研究[D].南京:南京师范大学,2015.

[19]高晓松.哈尔滨市中学体育教师胜任力与教学效能感关系研究[D].哈尔滨:哈尔滨师范大学,2020.

[20]谷长伟,谢慧松,何佳星.新冠疫情前后幼儿体质对比研究——以北京市丰台区F园为例[C].第十二届全国体育科学大会论文摘要汇编,2022:1231-1233.

[21]顾明远.教育大辞典(上)[M].上海:上海教育出版社,2002.

[22]顾琴轩.职位分析技术与范例[M]北京:中国人民大学出版社,2006.

[23]韩娟,赵灿璨,罗小兰.国内幼儿教师胜任力的研究综述[J].教育现代化,2018,5(10):281-284.

[24]韩蓉.幼儿园教师胜任力的现状调查研究[D].长春:吉林外国语大学,2021.

[25]何晓群.多元统计分析[M].北京:中国人民大学出版社,2004.

[26]何永贤.延边地区朝鲜族幼儿教师双语教学胜任力研究[J].东疆学刊,2019,36(04):91-96.

[27]何月冬.四川省普通高校排球教师胜任力评价研究[D].成都:成都体育学院,2020.

[28]胡晓军.高校教师岗位胜任力的评价方法研究及其应用[J].理工高教研究,2007,(03):60-62.

[29]胡中锋.教育评价学[M].北京:中国人民大学化版社,2008:222.

［30］黄鼍青,李雪莲,苏彦捷.幼儿教师隐性胜任力模型的建构［J］.首都师范大学学报(社会科学版),2021(03):181-188.

［31］黄瑞霞.体育教师教学胜任力研究［J］.教学与管理,2010(06):41-42.

［32］黄书朋.课程改革背景下高校体育教师胜任力研究［J］.湖北体育科技,2021,40(03):279-282.

［33］黄友初.教师专业素养:内涵、构成要素与提升路径［J］.教育科学,2019,35(03):27-34.

［34］霍恩比,李北达(译).牛津高阶英汉双解词典(第四版)［M］.北京:商务印书馆,1997.

［35］贾建锋,赵希男,温馨.胜任特征模型构建方法的研究与设想［J］.管理评论,2009,21(11):66-73.

［36］贾泽宇,刘海元.幼儿教师体育教育能力培养研究——基于《幼儿教师专业标准》的视角［J］.青少年体育,2021(04):136-138.

［37］矫志庆.智慧校园视域下中小学体育教师胜任特征结构模型的构建［J］.长春:吉林体育学院学报,2018,34(01):92-97.

［38］教育部.教育部关于印发《幼儿园教师专业标准(试行)》《小学教师专业标准(试行)》和《中学教师专业标准(试行)》的通知［EB/OL］.(2012-02-10)［2024-10-13］.http://www.moe.gov.cn/srcsite/A10/s6991/201209/t20120913_145603.html

［39］教育部.教育部等九部门关于印发《"十四五"学前教育发展提升行动计划》和《"十四五"县域普通高中发展提升行动计划》的通知［EB/OL］.(2021-12-09)［2024-10-16］.http://www.moe.gov.cn/srcsite/A06/s7053/202112/t20211216_587718.html.

［40］教育部.十年来我国学前教育取得跨越式发展公益普惠底色更加鲜明［EB/OL］.(2022-04-26)［2024-10-15］.http://www.moe.gov.cn/fbh/live/2022/54405/mtbd/202204/t20220426_622018.html.

［41］靳瑾,王晓路,瞿长宝,等.卫生领域胜任力模型构建方法综述［J］.中国医院,2017,21(11):78-80.

［42］黎艳,高凡.幼儿教师家园沟通胜任力的现状探析［J］.湖南教育(C版),2021(10):54-56.

［43］李丹.我国高校公共体育教师胜任力构成因素实证研究［C］.第十一届

全国体育科学大会论文摘要汇编,2019:6471-6472.

[44] 李海. 胜任力模型研究综述[J]. 国网技术学院学报,2020,23(04):27-32.

[45] 李宏宇. 楚雄州高中体育教师胜任特征与工作绩效研究[D]. 昆明:云南师范大学,2021.

[46] 李晶. 学前教育专业体育方向人才社会需求与课程设置的研究[D]. 沈阳:沈阳体育学院,2011.

[47] 李静. 幼儿园教师健康教育胜任力现状及提升策略——基于北京市935名幼儿园教师的数据[J]. 教师发展研究,2021,5(01):102-108.

[48] 李明斐,卢小君. 胜任力与胜任力模型构建方法研究[J]. 大连理工大学学报(社会科学版),2004(01):28-32.

[49] 李小娟,胡珂华. 基于行为事件法的高校教师胜任力研究[J]. 湖南师范大学教育科学学报,2017,16(05):110-115.

[50] 李晓波. 教师专业发展[M]. 南京:南京大学出版社,2016.

[51] 李欣. 中小学体育教师胜任特征模型的构建与检验[D]. 武汉:华中师范大学,2012.

[52] 李学杰. 幼儿教师专业素质的职前培养[J]. 教育评论,2014(09):66-68.

[53] 李亚丽. 农村幼儿教师胜任特征研究[D]. 宁波:宁波大学,2020.

[54] 李英武,李凤英,张雪红. 中小学教师胜任特征的结构维度[J]. 首都师范大学学报(社会科学版),2005,(04):115-118.

[55] 李玉华,林崇德. 国内外教师胜任力研究比较及思考[J]. 辽宁教育研究,2008(01):105-108.

[56] 李子华. 教师教育:改传授模式为反思模式[J]. 教育与现代化,2002(04):3-7.

[57] 栗庆阳,刘彦婷,孙远刚. 幼儿教师胜任特征模型研究[J]. 辽宁师范大学学报(社会科学版),2022,45(01):61-69.

[58] 梁泉宝,胡继飞. 澳大利亚教师专业标准:框架、实施与启示[J]. 课程教学研究,2018(04):43-47.

[59] 林崇德,继亮等. 教师素养的构成及其培养途径[J]. 中国教育学刊,

1996(6):10-14.

[60]林京霈.新教师专业主义意涵之检视[J].中等教育,2008(1):36-55.

[61]刘光洁.灰色决策模型及其在教师素质评价中的应用[J].长春师范学院学报,2004(02):43-45.

[62]刘晶,张祥兰.高职院校教师胜任力模型研究[J].北京科技大学学报(社会科学版),2013,29(06):68-73.

[63]刘鎏,王斌,时勘等.基于胜任特征模型的我国教练员素质研究[J].北京体育大学学报,2007(01):116-118.

[64]刘苗.广州市天河区市一级以上幼儿园体育活动开展现状与对策的研究[D].广州:广州体育学院,2018.

[65]刘敏.澳大利亚国家教师专业标准的变迁脉络与经验[J].当代教育科学,2016(17):52-56.

[66]刘晓旭.小学体育教师胜任力模型构建[D].北京:北京体育大学,2016.

[67]刘欣.我国教师评价理论及发展趋势[J].济宁师范专科学校学报,2003(04):72-74.

[68]刘兴凤.基于胜任力的高校工科教师绩效评价研究[D].武汉理工大学,2016.

[69]刘映海.高校体育教师胜任特征跨校类别恒等性研究[J].北京体育大学学报,2017,40(01):65-70.

[70]刘云艳,陈希.幼儿园教师家园沟通胜任力特征及其提高策略[J].学前教育研究,2016(02):54-63.

[71]卢三妹,朱石燕.体育教师胜任力模型建构研究[J].体育学刊,2012,19(02):83-88.

[72]鲁鸣,刘春玲,辛伟豪.幼儿园教师融合教育胜任力现状调查[J].中国特殊教育,2021(10):13-19.

[73]罗纳德·克林格勒,约翰·纳尔班迪,孙柏瑛,等.公共部门人力资源管理系统与战略(第四版)[M].北京:中国人民大学出版社,2002.

[74]罗小兰.教师胜任力研究的缘起、现状及发展趋势[J].教育理论与实践,2007(23):42-44.

[75]罗莹,马靓,李红娟.云南省汉族与少数民族幼儿体质现状及影响因素

[J].中国学校卫生,2020,41(07):1100-1102.

[76]马妮萝.近十年英国幼儿教师职前教育政策研究[D].昆明:云南师范大学,2016.

[77]马斯洛.动机与人格[M].许金声,程朝翔,译.北京:华夏出版社,1987.

[78]牛端.整合型建模:胜任特征模型构建的一种新方法[J].中国人力资源开发,2009(09):41-44.

[79]牛莉莉,张硕.新时代高校体育舞蹈教师胜任力指标体系构建[C].第十二届全国体育科学大会论文摘要汇编—墙报交流(学校体育分会),2022:916-917.

[80]逄淑涛.青岛市精神病医院人力资源管理体系的设计[D].青岛:中国海洋大学,2008.

[81]彭剑峰,荆小娟.员工素质模型设计[M]北京:人民大学出版社,2003.

[82]彭剑锋,朱兴东,张成露.职位分析面临的问题及应对策略[J].中国人才,2003,07:27-30.

[83]彭陶.幼儿教师教学胜任力与幸福感的关系研究[J].学周刊,2020(22):171-172.

[84]漆书清,戴海琦.情景判断测验的性质、功能与开发编制[J].心理学探新,2003,23(4):42-46

[85]秦旭芳,高丙成.幼儿教师胜任力的特点与类型[J].学前教育研究,2008(09):35-38.

[86]秦旭芳,高丙成.幼儿教师胜任特征结构探析[J].沈阳师范大学学报(社会科学版),2007(02):105-107.

[87]邱芬.我国专业教练员胜任特征的模型建构及测评研究[D].北京:北京体育大学,2008.

[88]曲铁华,张妍.我国幼儿教师队伍建设的历程、成就与展望[J].河北师范大学学报(教育科学版),2020,22(02):47-57.

[89]瞿葆奎,陈击报,赵永年.教育评价[M].北京:人民教育出版社,1989.

[90]人民网.警惕!学前"小胖墩儿"太多了[EB/OL].(2019-12-11)[2024-06-11].http://edu.people.com.cn/n1/2019/1211/c1053-31500717.html

[91]申齐.用"AHP法"对高校体育教师素质评价模型的研究[J].辽宁体育

科技,1999,(05):40-43.

[92]Sternberg R. J.,Williams W. M..教育心理学[M].张厚粲,译.北京:中国轻工业出版社,2003.

[93]宋萑.教师教育专业化与教师教育体系建设[J].国家教育行政学院学报,2022(07):40-47.

[94]苏宁,彭迎春.基于工作分析的社区卫生服务团队全科医师人力资源配置研究[J].中国全科医学,2003,10(64):1833-1835.

[95]孙河川.教师评价指标体系的国际比较研究[M].北京:商务印刷出版社,2011:5.

[96]孙玉洁,翟之月.幼儿教师班级管理胜任力指标体系构建[J].陕西学前师范学院学报,2020,36(02):77-84.

[97]覃朝玲,唐东辉.体育统计学:Excel与Spss数据处理案例[M].重庆:西南师范大学出版社,2010.

[98]谭绮薇,张建华.浅析胜任力模型的构建方法和运用[J].现代医院,2018,18(12):1755-1757.

[99]汤舒俊,徐红.幼儿教师胜任力模型研究[J].教师教育论坛,2015,28(02):14-17.

[100]唐素萍.情景判断测验的开发程序、构思效度及研究趋势[J].心理科学进展,2004,12(1):119-125

[101]唐小花,林剑.中学女性体育教师胜任力模型的构建[J].衡水学院学报,2013,15(05):120-125.

[102]唐旭升.湖南省永州市农村中学体育教师胜任力及优化路径研究[D].吉首:吉首大学,2021.

[103]田广,高徐,张龙,等.贵州省高校体育教师胜任力评价指标体系的构建[J].体育研究与教育,2014,29(04):36-38.

[104]田涛.改革开放40年幼儿教师队伍发展的回顾与展望[J].四川师范大学学报(社会科学版),2019,46(01):69-77.

[105]童成寿.熟手型教师胜任力模型建构与测评研究[D].福州:福建师范大学,2008.

[106]王滨.科技型中小企业自主创新的内外部条件研究[D].武汉:武汉大

学,2012.

[107] 王汉澜.教育评价学[M].开封:河南大学出版社,1995.

[108] 王怀明.组织行为学:理论与应用[M].北京:清华大学出版社,2014.

[109] 王焕励.实用教育大词典[M].北京:北京师范大学出版社,1995.

[110] 王沛,董俊花.人力资源管理中情景判断测验的开发与应用[J].宁波大学学报,2005,27(5):17-21

[111] 王强,宋淑青.幼儿教师胜任力模型之构建[J].上海教育科研,2008(04):52-54.

[112] 王爽,王冲,李想,等.基于德尔菲—熵权法的规范化护士培训指导教师胜任力评价体系研究[J].中国医院管理,2021,41(05):87-90.

[113] 王瑜.职位分析在公共部门人力资源管理中的运用研究[D].贵阳:贵州大学,2009.

[114] 王宇晗.澳大利亚《全国教师专业标准》中幼儿教师专业标准研究[D].哈尔滨:哈尔滨师范大学,2021.

[115] 王昱,戴良铁,熊科.高校教师胜任特征的结构维度[J].高教探索,2006,(04):84-86.

[116] 王钊.幼儿足球教师胜任力指标模型构建研究[D].开封:河南大学,2020.

[117] 王重鸣,陈民科.管理胜任力特征分析:结构方程模型检验[J].心理科学,2002(05):513-516.

[118] 王重鸣.管理心理学[M]北京:人民教育出版社,2000.

[119] 王卓然.我国胜任力模型研究综述——对2003年—2011年间480篇学术论文的文献综述[J].商场现代化,2011(12):119-120.

[120] 吴树勤.层次分析法在高校教师招聘胜任力模型建构中的应用[J].科技管理研究,2011,31(03):159-161.

[121] 吴思琴,张欣.2010—2020年武汉市幼儿体质水平变化分析[C].第十二届全国体育科学大会论文摘要汇编,2022:80-81.

[122] 谢华.幼儿教师胜任力现状、影响因素及对策研究——以四川省部分地区为例[J].现代中小学教育,2019,35(01):61-65.

[123] 谢晔,周军.民办高校教师胜任力模型及胜任力综合评价[J].高教发

展与评估,2010,26(04):80-86.

[124]邢强,孟卫青.未来教师胜任力测评:原理和技术[J].开放教育研究,2003(04):39-42.

[125]邢中有.河南省高校公共体育教师胜任力模型构建及实证研究[J].汉江师范学院学报,2017,37(03):98-102.

[126]徐晟馨.江西省高校学前教育专业体育教育开展研究[D].南昌:江西师范大学,2018.

[127]徐建平,张厚粲.中小学教师胜任力模型:一项行为事件访谈研究[J].教育研究,2006(01):57-61.

[128]徐建平.教师胜任力模型与测评研究[D].北京:北京师范大学,2004.

[129]徐剑伟.福州市初中体育教师的胜任力、工作绩效及其关系研究[D].福州:福建师范大学,2017.

[130]徐沛缘,郭绒.我国教师胜任力研究:阶段/主题与前沿——基于CiteSpace的文献计量学分析[J].继续教育研究,2022(09):61-67.

[131]徐守森,张月,李京诚.国内体育教师胜任特征的研究进展[J].体育科研,2014,35(03):20-23.

[132]薛琴,林竹.胜任力研究溯源与概念变迁[J].商业时代,2007(31):4-5.

[133]颜廷丽,叶晓婷.农村幼儿教师胜任力现状与对策研究[J].报刊荟萃,2018(10):67.

[134]颜正恕.高校教师慕课教学胜任力模型构建研究[J].开放教育研究,2015,21(06):104-111.

[135]燕飞.我国幼儿教师入职前体育教育能力培养研究[J].体育文化导刊,2016(08):163-167.

[136]杨璞玉.幼儿园新手型教师胜任力调查研究[D].镇江:江苏大学,2020.

[137]杨雅清.河北环京区域公立幼儿园教师胜任力现状调查[J].教育实践与研究,2019(10):15-17.

[138]杨跃."教师教育专业化",何以可能?——关于"教师教育专业"建设的一种"另类"思考[J].教师教育研究,2020,32(06):27-32.

[139] 姚桐.基于TOPSIS方法的高校体育教师胜任力研究[J].数学的实践与认识,2016,46(20):289-296.

[140] 叶茂林,杜瀛.胜任特征研究方法综述[J].湖南师范大学教育科学学报,2006(04):101-104.

[141] 阴为.济南市公办幼儿园体育教师需求及供给结构研究[D].曲阜:曲阜师范大学,2018.

[142] 余建平,伏祥云,隆仕军,彭培真.农村中小学体育教师教学胜任力分析及提升——基于西藏自治区958名教师调查[J].宁波教育学院学报,2022,24(03):48-54.

[143] 约翰·洛克伦.专家型教师做什么:提高课堂实践的专业知识[M].李琼,张弘治,译.上海:华东师范大学出版社,2018.

[144] 曾双喜.构建胜任力模型的四种方法[J].人力资源,2021(23):78-79.

[145] 曾晓东.对中小学教师绩效评价过程的梳理[J].教师教育研究,2004,(01):47-51.

[146] 张安富,刘兴凤.高校工科教师绩效评价研究的AHP方法——兼论基于胜任力的绩效评价与职称评价[J].华北电力大学学报(社会科学版),2016(06):120-127.

[147] 张翠云.民办幼儿园教师胜任力现状与提升策略研究——以广州市为例[J].广州广播电视大学学报,2020,20(02):36-41.

[148] 张东娇,胡松林.英、美中小学校长胜任特征模型对中国校长管理制度的启示[J].比较教育研究,2006,(04):50-55.

[149] 张曙,陈雪萍.工作分析在护理中的应用现状[J].健康研究,2012,32(4):54-56.

[150] 张西凡.基于胜任力素质模型的乡镇卫生院公共卫生人力资源发展研究[D].武汉:华中科技大学,2015.

[151] 张晓靖.幼儿教师体育教学胜任力的研究[D].济南:山东体育学院,2020.

[152] 张阳.幼儿体育教师专业能力的研究[D].长春:吉林体育学院,2017.

[153] 张英娥.幼儿教师胜任力模型及胜任力现状研究[D].福州:福建师范大学,2008.

[154]张颖慧.英格兰教师专业标准的研制与实施研究[D].长春:东北师范大学,2021.

[155]张长城.中学体育教师胜任力模型构建与实证研究[D].福州:福建师范大学,2011.

[156]中共中央、国务院.中共中央 国务院关于全面深化新时代教师队伍建设改革的意见[EB/OL].(2018-01-20)[2024-01-31].http://www.gov.cn/zhengce/2018-01/31/content_5262659.htm.

[157]中共中央、国务院.中共中央 国务院关于学前教育深化改革规范发展的若干意见[EB/OL].(2018-11-07)[2024-11-15].http://cpc.people.com.cn/n1/2018/1115/c419242-30403365.html.

[158]中共中央、国务院.中共中央 国务院关于学前教育深化改革规范发展的若干意见[EB/OL].(2018-11-07)[2024-11-15].http://cpc.people.com.cn/n1/2018/1115/c419242-30403365.html.

[159]钟秋菊,张一春,兰国帅.国际学前教师队伍建设:样态透视与经验启示——基于OECD《建设高素质幼儿教育和保育队伍报告》的解读[J].现代教育管理,2022(01):75-82.

[160]钟晓露.体育教师教育者的胜任力研究[D].南昌:江西师范大学,2021.

[161]仲理峰,时勘.家族企业高层管理者胜任特征模型[J].心理学报,2004(01):110-115.

[162]仲理峰,时勘.胜任特征研究的新进展[J].南开管理评论,2003(02):4-8.

[163]周启清,杨建飞.金融发展与城乡收入差距——基于我国省级层面经济发展水平门槛变量的分析[J].数学的实践与认识,2019,49(22):114-128.

[164]周榕.高校教师远程教学胜任力评估体系构建——基于灰色系统方法[J].电化教育研究,2014,35(04):112-120

[165]周少勇,马晓.聊城市中学体育教师胜任力的调查研究[J].科技信息,2012(19):201-202.

[166]朱丽丽.幼儿园教师健康教育胜任力的水平现状与提升对策研究[D].信阳:信阳师范学院,2021.

[167]朱晓颖.幼儿教师胜任力问卷的编制及初步运用[D].南昌:江西师范大学,2007.

[168]祝大鹏.高校体育教师胜任特征模型建构[J].体育学刊,2010,17(11):63-67.

外文文献：

[1]ALGI S., RAHMAN A., ANUAR M.. The Relationship Between Personal Mastery and Teachers' Competencies at Schools in Indonesia[J]. Journal of education and learning, 2014, 8(3): 217-226.

[2] ARIFIN Z., NURTANTO M., PRIATNA A., et al. Technology Andragogy Work Content Knowledge Model as a New Framework in Vocational Education: Revised Technology Pedagogy Content Knowledge Model. TEM Journal, 2020, 9(2): 786-791.

[3]BARNARD M., DEHON E., COMPRETTA C., et al. Development of a competency model and tailored assessment method for high school science teachers utilizing a flipped learning approach [J]. Educational Technology Research and Development, 2020, 68(5): 2595-2614.

[4]BISSCHOFF T., GROBLER B.. The management of the teacher competence [J]. Journal of In-service Education, 1998, 24(2): 191-211.

[5]BLÁHA J., MATEICICUS A., KAŇÁKOVÁ Z.. Personalistika pro malé a střední firmy[M]. CP Books, as, 2005: 44.

[6]BLAŠKOVÁ M.. Rozvoj ľudského potenciálu. Motivovanie, komunikovanie, harmonizovanie a rozhodovanie [Human Potential Development. Motivation, Communication, Harmonisation and Decision Making][J]. 2011: 108.

[7]BLÖMEKE SIGRID, JENßEN LAR, EID MICHAEL. The Role of Intelligence and Self-Concept for Teachers' Competence. [J]. Journal of Intelligence, 2022, 10(2): 20-20.

[8]BOYATZIS R. E.. The competent manager A model for effective performance [M]. New York, Wiley, 1982.

[9]BOYATZIS R. E.. Rendering into competence the things that are competent

〔J〕. American psychologist, 1994, 49: 64-66.

〔10〕BOYATZIS R.. The Competent Manager. A model for effective Performancee〔M〕. New York Wiley, 1982.

〔11〕BULLOCK D.. Assessing Teachers: A Mixed-Method Case Study of Comprehensive Teacher Evaluation.〔J〕. proquest llc, 2013: 200.

〔12〕CAI B., SHAFAIT Z., CHEN L.. Teachers′ Adoption of Emotions-Based Learning Outcomes: Significance of Teachers′ Competence, Creative Performance, and University Performance〔J〕. Frontiers in Psychology, 2022, 13(22): 812447.

〔13〕CARL OLSON, JERRY L. WYETT. Teachers need af-fective competencies〔J〕. Project Innovation Summer, 2000(7): 30-33.

〔14〕CLIVE T. N.. Teachers′ Knowledge, Understanding, Ability and Implementation of Competency-Based Approach in the Teaching of Geography in Secondary Grammar Schools in the South West Region of Cameroon〔J〕. International Journal of Trend in Scientific Research and Development, 2019, 3(5): 2468-2474.

〔15〕DANIELSON C.. Enhancing Professional practice: A framework for teaching. 2nd Edition〔M〕. VA: Association for Supervision and Curriculum Development, 2007.

〔16〕DEMIR E.. Students′ Evaluation of Professional Personality Competencies of Physical Education Teachers Working in High Schools〔J〕. Online Submission, 2015, 5 (2): 149-157.

〔17〕DEQUA. Improving Quality of University Teachers. Evidence from workshop of activity 1. 2〔D〕. Žilina: University of Žilina. May 15, 2012.

〔18〕DOBOIS D.. Competency-based performance improvement: a strategy for organizational change〔M〕. Amherst: HRD Press Inc, 1993.

〔19〕EMBRETSON S. E.. The second century of ability testing: Some predictions and speculations〔J〕. The Seventh Annual Angoff WH Memorial Lecture, 2003: 1-36.

〔20〕ERPENBECK J., VON ROSENSTIEL L.. Vorbemerkung zur 2. Auflage〔J〕. Handbuch Kompetenzmessung, 2007, 2.

〔21〕Europeia C.. Education and training 2010: the success of the Lisbon strategy hinges on urgent reforms〔J〕. Bruxelas: European Commission, 2004.

〔22〕FADZIL H. M., SAAT R. M.. Exploring Secondary School Biology Teacher

Competency in Practical Work[J]. Journal Pendidikan IPA Indonesia, 2020, 9(1): 117–124.

[23] HALLEY D.. the core competency model project [J]. Correction Today, 2001, 63(7): 154.

[24] HAYU W. W. R., PERMANASARI A., SUMARNA O., et al. Revitalization of Science Teacher Community to Accelerate Competency Achievement of Science Teacher in Urban Area [C]. Journal of Physics: Conference Series. IOP Publishing, 2020, 1521(4): 042124.

[25] HERNEMAN H. G., MILANOWSKI A. T.. Alignment of Human Resource Practices and Teacher Performance Competency [J]. Peabody Journal of Education, 2004, 79(4): 108–125.

[26] JUNG YOUNG HWA. Exploration of Career Education Competency of Elementary School Teachers[J]. Global Creative Leader, 2016, 6(2): 49–67.

[27] KABILAN M. K.. Online Professional Development: A Literature Analysis of Teacher Competency[J]. Journal of Computing in Teacher Education, 2004, 21(2): 51–57.

[28] KIM S. L., PARK C. H.. The Effects of Preschool Teachers' Qualification and Competency on Young Children's Development[J]. International Journal of Advanced Culture Technology, 2018, 6(4): 233–239.

[29] KIMBALL S. M., White B., Milanowski, etal. Examining the relationship between teacher evaluation and student assessment results in Washoe County [J]. Peabody Journal of Education, 2004, 79(4): 54–78.

[30] LE - EERE N. G., AJOKE A. A.. Volumetric analysis and secondary school chemistry teachers' competencies in Eleme Local Government Area, Rivers State [J]. Journal of Emerging Trends in Educational Research and Policy Studies, 2019, 10(3): 145–151.

[31] LI F., ZHANG M.. Based on computer technology of educational competency research for preschool teachers [C]. 2016 11th International Conference on Computer Science & Education (ICCSE). IEEE, 2016: 704–707.

[32] LOUISE STARKEY. A review of research exploring teacher preparation for

the digital age[J]. Cambridge Journal of Education, 2020, 50(1): 37–56.

[33]LUCIA A. D., LEPSINGER R.. Art and Science of Competency Models[M]. San Francisco, CA: Jossey-Bassy, 1999: 5.

[34]MCCLELLAND D. C.. Identifying competencies with behavioral-event interviews[J]. Psychological science, 1998, 9(5): 331–339.

[35]MCCLELLAND D. C.. Testing for competency rather than for "Intelligence" [J]. Am Psychol, 1973, 28(1): 1–14.

[36]MICHAEL A., ANGELA B.. Performance Management [M]. London: The Cromwell Press, 1998.

[37]MICHAEL F. M., MAITHYA R., CHELOTI S. K.. Influence of teacher competency on integration of ICT in teaching and learning in public secondary schools in Machakos[J]. Journal of Education and E-learning Research, 2016, 3(4): 143–149.

[38]PETERSON K. D.. Teacher Evaluation: A Comprehensive Guide to New Directions and Practices[M]. Thousand Oaks: Corwin Press, 2000: 57

[39]RONGRONG R., GANG X.. A model for university teaching teacher's competence evaluation based on grey relational analysis and harmony factor[C]. 2009 Second International Conference on Intelligent Computation Technology and Automation. IEEE, 2009: 130–133.

[40]SANCHEZ J. I., LEVINE E. L.. The impact of raters' cognition on judgment accuracy: An extension to the job analysis domain[J]. Journal of Business and Psychology, 1994, 9(1): 47–57.

[41]SANDBERG J.. Understanding human competence at work: an interpretative approach[J]. Academy of Management Journal, 2000, 43(1): 9–25.

[42]SCHMITT N., MILLS A. E.. Traditional tests and job simulations: Minority and majority performance and test validities[J]. Journal of Applied Psychology, 2001, 86(3): 451–458.

[43]SETIAWAN D., SITORUS J., NATSIR M.. Inhibiting Factor of Primary School Teacher Competence in Indonesia: Pedagogic and Professionalism[J]. Asian Social Science, 2018, 14(6): 30–42.

[44]SHARMA M. B., KUMAR H., HEAD A.. Teaching Competency and Self

Concept of Elementary Teachers: A Correlational Study [J]. Research on Humanities and Social Sciences, 2018, 8(11): 48−53.

[45]SHINKFIELD A. J., DANIEL S.. Teacher Evaluation: A Guide to Effective Practice[M]. Boston: Kluwer Academic Publishers, 1995: 87.

[46]SPENCER L. M., SPENCER S. M.. Competence at work: Models for superior performance[M]. New York: Wile, 1993.

[47]TIGELAAR D. E., DOLMANS D. H., WOLFHAGEN I. H., et al. The development and val‑idation of a framework for teaching competencies in higher education [J]. Higher Education, 2004, 48(2): 253−268.

[48]VALICA M., ROHN T.. Development of the Professional Competence in the Ethics Teachers. 4th International Conference on New Horizons in Education[J]. Procedia‑Social and Behavioral Sciences, 2013, 106: 865−872.

[49]VEBRIANTO R., SOH T. M. T., YUSRA N., et al. Competency of Pre‑Service Elementary School Teacher Based on Multiple Intelligences Theory in Riau Province[C]. 1st Progress in Social Science, Humanities and Education Research Symposium (PSSHERS 2019). Atlantis Press, 2020: 725−730.

[50]WATTS D.. Can campus‑based pm‑service teacher education survive? Part II: Professional knowledge and professional studies[J]. Journal of Teacher Education, 1982, 33(2): 37−41.

[51] WILLIAMS R. S.. Performance Management [M]. London: International Thomson Business Press, 1998: 104.

[52]WOOD RUFF C.. Competent by any other name[J]. Personnel Management, 1991.

[53] YE J., MI S., BI H.. Constructing Core Teaching Competency Indicators for Secondary School Science Teachers in China[J]. Journal of Baltic Science Education, 2021, 20(3): 389−406.